# MÈRES : LIBÉREZ VOS FILLES

# DR MARIE LION-JULIN

# MÈRES : LIBÉREZ VOS FILLES

## Trouver la bonne distance

© ODILE JACOB, 2008, OCTOBRE 2010
15, RUE SOUFFLOT, 75005 PARIS

www.odilejacob.fr

ISBN : 978-2-7381-2515-6
ISSN : 1621-0654

Le Code de la propriété intellectuelle n'autorisant, aux termes de l'article L.122-5, 2° et 3° a, d'une part, que les « copies ou reproductions strictement réservées à l'usage privé du copiste et non destinées à une utilisation collective » et, d'autre part, que les analyses et les courtes citations dans un but d'exemple et d'illustration, « toute représentation ou reproduction intégrale ou partielle faite sans le consentement de l'auteur ou de ses ayants droit ou ayants cause est illicite » (art. L. 122-4). Cette représentation ou reproduction, par quelque procédé que ce soit, constituerait donc une contrefaçon sanctionnée par les articles L. 335-2 et suivants du Code de la propriété intellectuelle.

*À Alizée et Anaïs,*
*Mon plus grand bonheur est de vous voir grandir*

« [On] se soumet à son histoire
ou on s'en libère en l'utilisant.
Tel est [notre] choix, contrainte à répéter
ou à se dégager. »

Boris Cyrulnik

# *Introduction*

Les relations mère-fille sont la plupart du temps de forte intensité. Ces relations peuvent être sereines mais sont parfois plus compliquées. Quelle que soit la relation que nous ayons eue avec notre mère, elle intervient dans la façon dont nous nous comportons. Si nous nous sentons épanouies, libres et sans contradictions, tout va bien. Mais si les choses sont plus compliquées, si nous sentons un certain mal-être, si nous nous sentons parfois en contradiction avec nous-mêmes, si nous vivons mal la relation avec notre mère, si nous avons des difficultés à vivre la relation avec notre fille, c'est que notre relation à notre mère nous tient encore, nous empêche d'être en harmonie avec nous-mêmes. Cela doit nous conduire à réfléchir la relation, à y chercher ses conséquences sur notre manière d'être. Et surtout nous amener à envisager la façon de nous y prendre pour nous en libérer, ne plus en dépendre. Dans tous les cas, il est intéressant d'approcher cette relation complexe, subtile et riche de conséquences pour aller au-delà des évidences.

## *Un peu d'histoire*

La psychanalyse, qui est encore bien récente (Freud emploie ce terme pour la première fois en 1896), s'est d'abord intéressée au complexe d'Œdipe et à ses conséquences. Puis l'intérêt s'est porté sur la relation entre la mère et son enfant, sur les modes d'interaction. La psychologie féminine a été interprétée, à la suite de Freud, à partir de concepts masculins, mais est restée longtemps le parent pauvre de la psychanalyse.

Freud reconnaissait lui-même ne pas arriver à cerner de façon satisfaisante la psychologie féminine. « Il faut avouer que notre intelligence des processus de développement chez la fille est peu satisfaisante, pleine de lacunes et d'ombres[1]. »

Étudier la femme, l'histoire de son développement, sans oublier le père, mais en s'intéressant plus particulièrement à la nature de la relation qui unit la fille à sa mère, m'est apparu une démarche nécessaire et utile.

## *Ma propre histoire*

Mes difficultés avec ma mère m'ont amenée à réfléchir le mode de relation avec elle, pour comprendre d'où venaient les malaises, les heurts que j'aurais tellement voulu éviter.

Mon analyse personnelle, mes lectures m'ont éclairée, non seulement sur les causes de ces difficultés, mais m'ont amenée à comprendre l'étendue des retentissements de ma relation avec elle : sur ma façon de me percevoir, de vivre mes relations aux autres, etc.

La vie m'a donné deux merveilleuses filles, ce qui m'a encore confirmée dans l'idée que ce que j'avais vécu avec ma mère dirigeait inconsciemment ma façon d'être avec elles.

## *À l'écoute des femmes*

En consultation, c'est essentiellement de leur relation à leur mère dont parlent les femmes. Elles ont l'intuition, plus ou moins exprimée, que leurs difficultés peuvent avoir un lien avec leur mère.

J'écoute depuis près de quinze ans des femmes en consultation. L'analyse de leur histoire éclaire sur l'impact de leur mère sur leur vie. Le père est également fondamental, mais la relation à la mère reste cependant l'élément fondateur. J'ai tenté de synthétiser un certain nombre de données, d'écrire un texte vivant, étayé par de nombreux exemples cliniques[2].

## *Le cheminement du livre*

Le livre décrit d'abord dans une première partie ce qui se passe en général entre mères et filles, de la fusion initiale, jusqu'à la séparation. J'explique en quoi la séparation n'est pas toujours facile, mais néanmoins nécessaire. Je décris l'impact de la mère sur la vie de toute femme. La seconde partie aborde la relation lorsqu'elle devient pathologique, lorsque les mères par un comportement pathogène compliquent l'évolution de leur fille, lorsque les filles souffrent de leur histoire avec leur mère. Ce cheminement n'a qu'un seul objectif : comment aller mieux ? La troisième partie est consacrée à la libération de la fille. Elle expose les moyens de ne plus dépendre de cette relation.

Ce livre s'adresse aux femmes qui s'interrogent sur certains de leurs comportements, qui veulent mieux se comprendre. Elles feront un retour sur la petite fille qu'elles ont été, elles mettront au jour les comportements maternels, et les retentissements inconscients à l'âge d'adulte.

Ce livre s'adresse aux mères, qui désirent bien faire avec leur enfant, et leur fille en particulier. Je ne donne ni conseils ni recettes, mais je vous invite à redécouvrir le mode de relation établie avec votre mère. Pourquoi ? Pour ne pas répéter, ou faire l'exact opposé de ce qu'on a vécu, comportements qui signifient que le lien est présent au-delà de ce qu'on peut imaginer. Le retour sur cette relation aide à trouver la bonne distance avec son enfant afin de lui donner sa juste place, sans attentes inadaptées, dans le respect de chacun.

Ce livre s'adresse aussi aux hommes pour mieux comprendre les femmes, leur femme ; aux pères, dont le rôle éducatif est primordial, essentiel, auprès de leurs filles.

Je vous invite à un voyage, au-delà des apparences, au-delà du miroir. Il a été pour moi fascinant, passionnant et libérateur. C'est tout le bien que je vous souhaite.

PREMIÈRE PARTIE

# Entre mère et fille, toute une histoire

CHAPITRE 1

# *Une histoire fusionnelle*

## Le mystère de l'amour maternel

Sans doute aimerait-on entendre parler de l'amour maternel comme d'un amour immense, débordant, sans faille, désintéressé et inconditionnel, fait d'abnégation et de don de soi, en un mot, idéal. Mais je suis une femme, d'abord fille de ma mère, puis mère à mon tour. Je connais de l'intérieur ce que c'est qu'être une mère, je sais comment ma mère a été avec moi ; et je pense être bien placée pour savoir que les choses ne sont pas si simples. L'amour maternel idéal n'existe que dans nos rêves, dans nos fantasmes. Les sentiments humains sont plus complexes. C'est moins réjouissant ? La réalité est autre, il est bon de le savoir.

Laure m'est adressée après un moment de désespoir : elle a avalé une dizaine de comprimés anxiolytiques. Laure a 25 ans, vit seule. Elle explique son geste par l'accumulation de problèmes financiers : au chômage, elle a du mal à payer son loyer en fin de mois et est menacée d'expulsion. Au cours de l'entretien, elle précise que la veille de son geste, elle a été très affectée par la détresse de sa mère qui venait de vivre une rupture sentimentale. « Ma mère et moi, nous sommes très liées, nous nous entendons très bien. Nous nous appelons souvent, voire tous les jours. Elle est à mon écoute, comme je suis à la sienne. J'ai de la chance d'avoir une mère comme elle. Je peux compter sur elle, elle est toujours disponible. »

Elle évoque des relations plus conflictuelles avec son père, qu'elle décrit comme caractériel et instable : capable d'être affectueux et valorisant, et rejetant à d'autres moments, sans qu'elle ait jamais compris les raisons de ses changements d'attitude. Elle parle facilement, même si c'est douloureux, de ses difficultés avec son père, de ses ressentiments – elle lui en veut d'avoir fait souffrir sa mère – mais aussi de son affection pour lui. Les premiers mois de thérapie seront consacrés à cette relation complexe. Elle a pleinement conscience de la nécessité de mieux la comprendre et de prendre un peu plus de distance.

Laure reconnaît ne pas avoir confiance en elle, elle se sent très dépendante du regard des autres. Elle avoue qu'une journée sans compliments est pour elle une journée vide et angoissante. Si l'autre ne l'admire pas, elle ne se sent plus rien. Elle accumule les relations sentimentales, mais n'arrive pas à nouer des liens durables.

Elle commence après quelques mois à évoquer sa relation à sa mère, d'abord timidement, cherchant toujours à la justifier. « Je sais que ma mère préférait ma sœur, elles se ressemblent. Elle a toujours dit que je ne lui causais que des problèmes, que je passais mon temps à la contrarier, je ne correspondais pas à ses attentes. » « C'est vrai que j'étais une "chieuse" comme elle le disait, je ne faisais pas ce qu'elle me demandait, j'étais différente. Mais elle a été une bonne mère. Elle s'est toujours préoccupée de nous. »

Au fil des séances, Laure s'autorise de plus en plus à parler, et on comprend que sa mère a été assez dure avec elle, la critiquant pour tout, son aspect physique, son caractère, ses fréquentations... Laure commence à oser le dire, à l'admettre : « Mais cela fait mal de s'apercevoir que ma mère n'a pas été parfaite, irréprochable comme je l'ai longtemps cru et qu'elle n'a pas été toujours juste avec moi. »

Laure avoue « se regarder de travers, ne pas s'aimer ». « C'est vrai que je n'ai jamais reçu de compliments de ma mère, et encore aujourd'hui, je m'aperçois que la dernière personne capable de m'encourager, c'est elle. Elle ne me fait confiance en rien, elle pense que je me débrouille mal pour trouver du travail. Elle trouve toujours tout un tas de défauts à mes amis. »

Laure est née alors que le couple parental battait de l'aile. Cette naissance (encore une fille) n'a pas permis de résoudre les conflits, comme devait l'imaginer sa mère. Elle en a voulu à cette fille, qui non seulement n'était pas le garçon dont son père rêvait, et qui de plus n'a rien arrangé aux problèmes du couple. Ses parents ont fini par divorcer. Laure avait 18 ans.

Elle a peur d'en vouloir à sa mère : « Je ne peux pas me passer d'elle. » Mais elle sait maintenant que l'amour infaillible de sa mère à son égard n'a existé que dans ses rêves, et que la réalité est bien plus complexe. Affronter la réalité fait grandir, cela fait peur, mais c'est toujours libérateur.

## Un amour complexe

L'image de la mère est souvent très idéalisée : elle s'occupe de ses enfants, elle se dévoue pour eux, avec tout l'amour qu'on imagine. Le père étant moins présent, même si aujourd'hui les pères sont plus impliqués dans la relation avec le petit enfant, il est souvent plus facile d'admettre des failles dans son comportement. J'insiste sur ce point, car je vois en consultation des patients totalement empreints de cette vision idéaliste des choses. La plupart du temps, pour eux l'amour maternel est forcément infaillible, « intouchable » ; celui du père est plus facilement remis en question, mais il existe, quand même, forcément.

L'amour que la mère, les parents portent à leurs enfants est un amour humain ; l'amour idéal et absolu n'existe que dans nos fantasmes, mais il ne correspond pas à la réalité. Le mot « amour » recouvre divers sentiments plus ou moins contradictoires, dont certains ne correspondent pas à la bienveillance attendue.

« Au fond de nous-mêmes, nous répugnons à penser que l'amour maternel n'est pas indéfectible. Peut-être parce que nous refusons de remettre en cause l'amour absolu de notre propre mère. [...] L'amour maternel n'est qu'un sentiment humain, il est incertain, fragile et imparfait. [...] Les différentes façons d'exprimer l'amour maternel vont du plus au moins en passant par le rien, ou le presque rien », écrit E. Badinter dans *L'Amour en plus*[1].

On est élevé dans l'idée que l'amour maternel est différent des autres types d'amour. Il est irréprochable. Il échappe à l'ambiguïté des affections ordinaires. Mais ce n'est qu'une illusion qui traduit la persistance du besoin infantile de croire en la perfection maternelle. Il y a des mères qui essaient d'aimer au mieux leurs enfants, et il y en a d'autres qui les aiment mal, voire pas du tout. C'est ainsi. Et ce qui est douloureux, c'est de comprendre l'immensité du pouvoir des parents sur un petit être qui ne demande qu'à être aimé et qui en a un besoin vital. Ce petit être, quand il est maltraité, mal aimé, n'aura comme seule solution que de croire en l'amour indéfectible de ses parents, et en contrepartie en la monstruosité de son comportement à lui. Les enfants maltraités, battus, sont les plus prompts à croire en l'innocence de leurs parents, tellement pétris de l'idée qu'ils ne méritent pas cet amour, et qu'au final ce sont eux les coupables.

Quand on emploie le mot « amour », on parle de sentiments très différents, mais comme il s'agit de l'amour maternel, on se refuse à distinguer les comportements maternels empreints d'affection de ceux qui en sont dépourvus.

## Amour ou bienveillance ?

Les difficultés commencent avec le mot « amour » lui-même. Les rapports humains quotidiens seraient plus clairs si on n'utilisait pas ce mot à mauvais escient. Mais toute l'idéalisation autour de ce mot nous convient. Finalement on ne sait plus très bien ce qu'il signifie. Nous aimons nos enfants, bien sûr, mais comment nous comportons-nous avec eux ? Est-ce que nous les aimons tout le temps, à tout moment, dans toutes les circonstances ? Nous aimons notre mari, mais est-ce que nous pensons à son bien-être en permanence, est-ce que rien ne nous énerve chez lui, est-ce que nous ne ressentons pas parfois de l'hostilité à son égard ? L'ambivalence des sentiments est humaine, et l'amour absolu fait d'abnégations n'existe que dans nos rêves d'enfant.

Tenter de définir l'amour maternel comme un « amour qui fait du bien » n'est pas chose facile. J'aime employer le mot « bienveillance » qui signifie « penser à l'autre et agir pour son bien ». On pense en général : « Mes parents m'aiment », « Ils m'ont fait du mal, mais ils l'ont fait avec amour », sans déceler d'incohérence. Si on emploie le mot « bienveillance », alors il devient plus difficile de justifier les comportements parentaux qui, motivés par « le désir de nous faire du bien », ont fait souffrir.

J'aime cette définition attribuée au psychanalyste Harry Stack Sullivan : « L'amour signifie que l'on s'intéresse presque autant à la sécurité, à la tranquillité, à la satisfaction d'un tiers qu'aux siens propres. C'est très vrai que l'on ne peut aimer l'autre plus que soi-même, et qu'il faut, pour être bienveillant vis-à-vis d'autrui, être d'abord en harmonie avec soi-même, être bienveillant pour soi-même. »

L'amour maternel idéal, indéfectible en toutes circonstances, appartient à nos rêves. Aucune mère ne peut correspondre à cet idéal. Le savoir permet de porter un regard plus adapté, plus lucide et adulte sur notre mère. Cela permet aussi d'aborder la maternité avec moins de pression. On a tellement décrit la mère comme devant être parfaite, répondant à toutes les attentes, aux petits soins de son enfant jusqu'à s'en oublier, que les femmes se sentent fautives quand elles ont l'impression de ne pas être à la hauteur de la tâche. Mais comme tout être humain, une mère est faillible. Elle ne peut pas être parfaite. Lorsqu'elle « réfléchit » son comportement, cherche à savoir ce qui peut aider au mieux son enfant, lorsqu'elle se remet en question, accepte l'idée de pouvoir faire des erreurs, elle aborde la relation avec souplesse et bienveillance. C'est un bon début, pour elle, et pour son enfant.

## Ma fille, mon miroir

Une mère se comporte-t-elle de la même manière avec sa fille et avec son fils ? Une fille a-t-elle une relation avec sa mère du même ordre qu'un fils avec sa mère ?

La mère porte et met au monde l'enfant. Quelles que soient les égalités revendiquées la mère reste – la nature est ainsi faite – le tout premier objet d'amour, pour les enfants des deux sexes. En témoigne l'immensité de l'attachement que l'enfant porte à la personne de sa mère. Ce tout premier lien fait référence pour la fille comme pour le garçon. Mais les spécificités qui caractérisent la relation mère-fille existent. Envisageons-les d'abord du point de vue de la mère. C'est elle, l'adulte qui ressent la ressemblance sexuelle avec sa fille, dès les premiers moments, et qui agit en fonction de celle-ci.

## La mère s'identifie à sa fille

Mère et fille ont le même sexe. C'est une similitude qui colore la relation et la conduit à se comporter avec sa fille différemment d'avec son fils. Elle voit en sa fille un être qui lui ressemble. Son sexe est semblable, c'est une fille, une future femme, comme elle. Le processus d'identification conduit à voir en l'autre une ressemblance, à se sentir en communion avec lui en se sentant identique.

La mère s'identifie aussi au bébé garçon, mais sa différence de sexe évite une identification globale. Avec la petite fille, l'identification est d'autant plus massive qu'il y a une identité sexuelle. La mère peut la considérer comme un prolongement d'elle-même, avec une grande difficulté à distinguer qui est qui, dans une sorte d'état fusionnel qu'elle ne dépasse pas même lorsque sa fille grandit. Celle-ci peut alors devenir sa possession, lui appartenant puisqu'elle est une partie d'elle-même. *Pour la mère, sa fille la « prolonge » ; le lien s'inscrit dans cette continuité filiale.*

Avec son fils, la mère noue un attachement « œdipien », c'est-à-dire qu'elle l'investit comme un petit homme, satisfaisant par le caractère séducteur de son sexe. La mère d'un garçon est souvent fière, elle se sent « complétée », satisfaite du fait que son bébé est de sexe masculin. Cette satisfaction-là, elle ne la ressent pas avec sa fille. « Comme Freud l'a mis en évidence, l'unique relation vraiment satisfaisante est celle qui lie la mère au fils, alors que tout laisse supposer que même la mère la plus affectueuse et maternelle a une attitude ambivalente à l'égard de sa fille[2]. »

La mère attend de sa fille un certain nombre de choses. Elle peut désirer que celle-ci se comporte comme on l'a exigé d'elle, ou bien qu'elle sera ce qu'elle n'a pas réussi à être. Elle peut imaginer que sa fille éprouve les mêmes désirs, les mêmes émotions, qu'elle pense comme elle, et être déçue si ce n'est pas le cas. Une mère qui accorde beaucoup d'importance à l'apparence voudra que sa fille corresponde à ses critères esthétiques. Une autre pour qui la réussite professionnelle est importante prendra très à cœur les résultats scolaires de son enfant. Une mère qui se comporte ainsi ne met pas de distance entre elle et sa fille. Elle ne se demande pas ce qui est bien pour son enfant, qui n'est pas elle. Elle l'encensera si elle correspond à ses attentes, mais pourra devenir rejetante si sa fille présente des caractéristiques qui sont dévalorisantes pour elle. Elle aime sa fille « sous conditions », c'est-à-dire en fonction des satisfactions qu'elle lui apporte.

La mère a moins d'attentes précises vis-à-vis de son fils, elle supporte plus facilement qu'il soit différent d'elle, il n'est pas comme elle. Sa différence sexuelle lui suffit comme récompense de l'avoir fait.

La mère a parfois tendance à laisser moins de liberté à sa fille. Elle intervient plus, elle se sent plus concernée, elle a toujours un avis. Elle peut être aussi plus anxieuse, car son enfant fille la renvoie à ses propres angoisses.

Son fils n'est pas comme elle, elle peut plus facilement lui faire confiance, lui laisser de l'espace. « Après tout, je n'y connais pas grand-chose en ce qui concerne les garçons, autant le laisser faire », se dit-elle, alors qu'avec sa fille, elle s'y connaît, elle est experte en la matière. Si cette dernière s'aventure loin des champs balisés qu'elle connaît bien, la mère risque de la désapprouver et de l'en empêcher. L'enfant peut perdre en assurance, en désir d'explorer, en curiosité, en initiatives. On voit ainsi que l'autonomie est moins favorisée chez la fille que chez le garçon.

Au moment où l'enfant commence à vouloir explorer le monde, et à prendre confiance en ses propres capacités, il a besoin d'être encouragé et non « retenu », il a besoin qu'on accepte de lui donner ce nouvel espace sans crainte excessive. Il doit apprendre à dépasser ses peurs, affronter les dangers, et trouver les moyens de les surmonter. Il gagne alors en assurance, et en indépendance. L'anxiété est naturelle et normale chez l'enfant, l'adulte doit être présent pour le rassurer, l'aider à dépasser ses craintes, sans le retenir.

## *De génération en génération*

Entre mère et fille, l'identité de sexe est transgénérationnelle. La fille devient mère (comme sa mère), elle a maintenant une fille (comme elle a été fille). Le jeu des identifications joue à plein. Tout est prêt pour la répétition. La jeune femme peut se comporter avec sa fille comme sa mère se comportait avec elle. Elle peut voir en sa fille un être identique à elle.

Comme dans le jeu des chaises musicales, plusieurs scénarios sont possibles : soit la fille en devenant mère peut prendre la place de sa mère, soit elle ne dépasse pas sa place de fille et met sa propre fille à sa place de mère. Ainsi toutes les combinaisons sont possibles, la même identité sexuelle permettant la confusion, évitée lorsqu'il y a différence sexuelle.

## *Le chemin difficile de la séparation*

Pour ces raisons, la mère a parfois du mal à concevoir la séparation. Elle noue une relation très proche avec sa fille et s'en réjouit. Elle appréhende souvent le moment où celle-ci quittera le foyer parental, où cette intimité mère-fille qu'elle affectionne n'existera plus. Pourquoi les mères nouent-elles une relation fusionnelle, au-delà de la période normale, et ont souvent du mal à supporter l'idée que leurs filles puissent vivre sans elles ?

Elles paraissent liées à leur fille, avoir un lien profond, lien qui n'est jamais du même ordre avec leur fils.

La séparation, la distanciation est pour elles une notion intellectuelle, presque inconvenante. Elles n'ont pas appris, la plupart du temps, à se séparer de leur propre mère, et c'est pourquoi ce processus ne leur paraît pas du tout profitable. Elles savent que leur fils devra prendre son autonomie, ses distances ; c'est parfois difficile, mais elles l'acceptent. Par contre, elles ne trouvent pas anormal que leur fille ne s'éloigne jamais vraiment ; elles veulent rester mères, protectrices et indispensables, à tout jamais.

## Ma mère, mon miroir

### La fille s'identifie à sa mère

L'identification est un processus indispensable à l'enfant pour se développer. Au cours de l'identification, le sujet assimile un aspect, une caractéristique, un comportement de l'autre et se l'approprie pour se transformer sur le modèle de celui-ci. La fille ne s'identifie pas qu'à la mère. Elle pioche un certain nombre de caractéristiques qui lui plaisent dans son entourage. Mais la mère est une femme, elle possède les signes de la féminité. Et la petite fille sait que son avenir féminin se situe du côté de sa mère. La fille a besoin d'elle pour construire son identité de femme, pour prendre confiance en elle, pour intégrer un certain nombre de caractéristiques liées à la féminité.

Le premier lien affectif se noue avec la mère, pour le fils comme pour la fille. Le premier devra s'en détacher pour son cheminement vers son avenir masculin. L'identification au père participe de sa structuration d'homme. Pour la seconde, l'identification la maintient accrochée à ce premier lien. La mère est le modèle, elle représente l'avenir. On comprend que la séparation ne paraisse pas indispensable. Et pourtant !

Freud avait souligné le lien exclusif et très intense entre mère et fille. « La phase de lien exclusif à la mère, qui peut être nommée préœdipienne, revendique ainsi chez la femme une importance bien plus grande que celle qui lui revient chez l'homme[3]. » Selon Freud, la phase œdipienne, c'est-à-dire le moment où la fille se tourne vers son père, intervient plus tardivement chez la fille, car elle doit changer d'objet d'amour. « Le complexe d'Œdipe est ainsi chez la femme le résultat final d'un plus long développement[4]. » Il insiste sur le nécessaire détachement de la fille : « L'attachement à la mère doit sombrer parce qu'il est le premier et si intense[5]. »

## La rivalité, facteur de séparation ?

Au moment de la relation œdipienne, la fillette est en rivalité avec sa mère. Elle veut son papa pour elle toute seule, et repousse sa mère : « Il est à moi. »

La rivalité intervient aussi plus tard, au moment où la fille a besoin de marquer sa différence par rapport à sa mère pour définir son identité propre.

Cette rivalité l'amène à devoir s'opposer à sa mère, et donc à prendre le risque de perdre son amour, de subir sa désapprobation.

La rivalité est structurante, et il est important de pouvoir la vivre pour affirmer son identité.

La fille doit en passer par cette phase où elle s'oppose à sa mère, façon pour elle d'édifier ses propres contours. Elle ne peut être « identique » à sa mère, elle est autre, et il faut qu'elle trouve cet « autre ». Quand la rivalité peut s'exprimer, elle facilite la séparation. Mais certaines mères supportent très mal cette opposition.

Si la fille s'oppose, se démarque, la mère le ressent comme une remise en cause personnelle, elle la perçoit comme ingrate, elle peut se sentir trahie.

Par contre, quand le fils s'oppose, la mère l'accepte plus facilement, elle sait intuitivement qu'il a besoin de se séparer pour se définir différent, homme.

La fille ressent les réactions hostiles de sa mère, et pour ne pas lui déplaire risque de refouler ses élans d'indépendance.

Le fils sait que son avenir d'homme ressemble à ce qui se passe du côté de son père. La séparation d'avec sa mère est indispensable pour la construction de son identité masculine. Il peut rivaliser avec son père, sans risquer de perdre l'affection maternelle.

## Le chemin nécessaire de la séparation

La séparation est nécessaire, elle permet l'individuation et la différenciation d'avec la personne de même sexe. Ces processus interviennent de façon essentielle dans la structuration d'un individu. La fille doit pouvoir se séparer, oser être différente, ne plus dépendre de l'approbation maternelle.

La relation fusionnelle est une spécificité de la relation mère-enfant. Quand elle perdure chez la fille, c'est la confusion des identités. Ses contours identitaires restent flous, ils ne s'affirment pas. Quand elle perdure chez le garçon, c'est l'identité masculine en elle-même qui est compromise.

Pour la fille, l'identification est un puissant facteur de rapprochement d'avec sa mère. Elle a besoin d'un exemple de femme pour lui montrer le chemin. En revanche le processus de différenciation, l'opposition qui permet la prise de distance nécessaire, peut être compliqué si la mère ne l'accepte pas.

Pour le garçon, l'identification à son père – encore faut-il qu'il soit présent, et affectueux – est un puissant facteur d'éloignement, de séparation d'avec la mère. La rivalité avec le père ne risque pas de lui faire perdre l'amour de la mère.

Garçons et filles doivent se séparer de leur mère. Cela paraît évident pour les premiers, mais cela l'est tout autant pour les secondes, contrairement à ce que l'on pourrait croire.

*Le processus identification-différenciation facilite la séparation chez le garçon, mais la rend plus difficile chez la fille. Ces différences expliquent la plus grande difficulté des filles à se séparer de leur mère.*

## Le père est fondamental

La petite fille se tourne vers son père. C'est tout naturellement très tôt quand le père est présent, que la petite fille recherche son attention, veut qu'il s'occupe d'elle. Il y a une satisfaction œdipienne bien compréhensible, la petite fille ressent une attirance « amoureuse » envers son père, le tout premier « homme » de sa vie. Elle veut le séduire, elle veut « se marier avec papa », elle le veut rien que pour elle.

En grandissant, dès 3 ans, la petite fille emprunte les affaires de sa mère, se maquille, prend des poses, pour tester sa capacité de séduction auprès de son père et susciter son intérêt.

Il est important que la mère laisse faire, qu'elle n'en prenne pas ombrage, qu'elle sache que tout cela est très sain et constructif pour la fille. Malheureusement, certaines mères supportent mal que leur fille se rapproche ainsi de leur père, elles se sentent rejetées et inutiles. Elles ne peuvent concevoir que leur fille puisse se détourner d'elles et empêchent alors l'instauration bénéfique de la relation au père.

Le père peut apporter un espace nécessaire, entre la mère et la fille, un espace où elle est perçue et acceptée différemment. Le père permet à la fille de se sentir aimée autrement (œdipiennement), en témoignant de la simple satisfaction et de la fierté d'avoir une fille, telle qu'elle est. Le père aime autrement sa fille, il l'aime parce qu'elle est fille ; si elle ressent cela, elle apprend à s'aimer comme fille, à être fière de son sexe. Le père se sent « enrichi » par sa fille, il se sent complété par son enfant de sexe opposé. Cette satisfaction est primordiale pour la fille, la mère ne peut pas lui apporter cet « amour-là ».

Le père l'aide à ne pas coller aux désirs maternels. Sa présence permet à la fille de prendre le risque de déplaire à sa mère, de marquer sa différence. Elle peut alors exprimer sa rivalité, construire une identité distincte et autonome. Il offre à sa fille un espace nécessaire qui permet d'éviter la confusion mère-fille.

Le père l'aide également dans son processus de différenciation. L'identification au père permet de se démarquer de sa mère. Mais elle complique la construction de son identité de femme. En s'identifiant à son père, elle ne développe pas les atouts qui l'assurent de sa féminité. Comment être comme son père, et rester néanmoins une femme ?

La fille a besoin de son père pour prendre confiance en sa féminité. Si le père s'émerveille devant sa fille, la complimente, l'admire en tant que fille, elle croit qu'elle existe pour le premier homme de sa vie. C'est un bon début pour avoir confiance en sa séduction, en sa féminité.

Si le père n'est pas là, ou s'il ne prend pas assez conscience de l'importance de son affection pour sa fille, celle-ci reste dans une relation duelle avec sa mère. La mère devient le seul référent, et la fille devient totalement dépendante d'elle : elle ne peut pas se permettre de perdre son amour. Elle risque alors de modeler son comportement pour lui plaire et se faire aimer d'elle, au point d'en oublier ses propres désirs, s'ils ne sont pas en accord avec les attentes maternelles. « La fille est alors "pleine" du projet de sa mère et "vide" de projet personnel : on dit qu'elle est une petite fille "sage", mais en fait elle est en train de devenir la chose de l'Autre et, ce qui est pire, elle s'habitue à taire son propre désir et à cacher sa colère[6] », écrit C. Olivier.

Parfois le père est présent, plutôt bienveillant, pourtant la petite fille a du mal à nouer une relation satisfaisante avec lui. On se demande pourquoi ce lien père-fille est si difficile à établir. Encore une fois, c'est la relation à la mère qui colore ses relations futures avec le père. Si la relation à la mère est instable, insatisfaisante, non sécurisante, que la petite fille est envahie par la crainte de la perdre, elle risque d'aborder la relation au père avec crainte et hostilité. C'est tout l'art du père de comprendre son importance, et de ne pas interpréter des réactions hostiles comme le signe de son inutilité.

Soulignons enfin que l'enfant doit se sortir de la relation fusionnelle comme de la relation œdipienne. La fille doit changer d'objet d'amour pour instaurer sa relation à son père. L'Œdipe, en quelque sorte, l'attire et facilite sa prise de distance d'avec sa mère. Cependant, elle devra également se détacher de son père. En dépendra sa capacité à pouvoir investir et aimer d'autres hommes. Pour le garçon, fusion et Œdipe concernent la même personne, la mère. L'Œdipe ne le libère pas, mais le retient. De ces deux types de relation, il devra se déprendre. C'est pourquoi la séparation est pour lui fondamentale, indispensable, fondatrice.

*Le père est fondamental, pour séparer la fille de sa mère. Il répare les failles de la relation à la mère, et aime sa fille autrement.*

CHAPITRE 2

# *L'enfance de la fille*

Intéressons-nous aux étapes majeures du développement de la fille, de sa naissance à l'âge adulte. Que se passe-t-il entre elle et sa mère ? Nous allons explorer l'aventure de l'enfance, les particularités des comportements chez les mères et chez les filles.

## Le temps de l'intimité mère-fille

### *La symbiose*

Durant les premiers mois de la vie de l'enfant, c'est la symbiose, un état particulier où le bébé est totalement dépendant, et la mère totalement indispensable. Une mère, la plupart du temps, apprécie particulièrement cette période car elle se sent valorisée dans ce nouveau rôle : un petit être, prolongement d'elle-même, fait l'admiration de tous, suscite l'attention de tous. De plus ce petit être ne peut vivre sans elle, sourit et s'illumine quand il la voit, bref il l'aime totalement, ne vit que par elle. La symbiose se définit par une relation étroite entre deux êtres, où chacun des deux ne peut vivre sans l'autre et apporte à l'autre ce dont il a besoin, il satisfait les désirs de l'autre sans qu'il ait besoin de les formuler. Il n'y a pas de distinction nette entre les deux êtres dans la symbiose, les deux se nourrissent l'un de l'autre, se comprennent et ressentent ce que l'autre ressent.

Le bébé est totalement dépendant pendant les premiers mois de sa vie, mais il se sent « connecté » avec sa mère, qui comprend ce dont il a besoin et y répond. D. Winnicott emploie le terme de « préoccupation maternelle primaire[1] » pour décrire l'étonnante capacité de la mère à s'identifier à son bébé, et à répondre à ses besoins fondamentaux.

Cette phase symbiotique va très progressivement évoluer à mesure que le bébé peut commencer à faire des choses, seul. Si la relation à la mère a été suffisamment sécurisante, l'enfant voudra explorer le monde qui l'entoure, puis reviendra vers sa mère « pour faire le plein », c'est-à-dire que l'enfant osera aller s'aventurer vers l'inconnu, mais qu'il aura besoin de revenir vers sa mère pour se rassurer, pour reprendre sa « dose » de sécurité. « Le premier accomplissement social de l'enfant est le fait qu'il accepte de perdre sa mère de vue sans angoisses ni colères injustifiées, parce qu'elle est devenue une certitude intérieure[2] », écrit Erik Erikson.

L'enfant qui a vécu une symbiose insatisfaisante connaîtra l'angoisse, l'angoisse de voir sa mère partir avec la peur qu'elle ne revienne pas. N'étant pas en sécurité avec sa mère, il éprouve de l'angoisse à l'idée de partir à l'aventure.

Dès cette période, on remarque que les comportements maternels diffèrent selon le sexe de l'enfant. E. Gianini-Belotti, dans *Du côté des petites filles*, rapporte plusieurs études qui notent que les filles sont le plus souvent sevrées plus tôt que les garçons[3]. Ces études montrent que les mères semblent prendre moins de plaisir à allaiter leur fille. Elles font preuve de moins de souplesse, et ressentent plus vite de l'hostilité quand leur fille ne tète pas au rythme désiré. Il est vrai qu'il faut faire preuve de tolérance, de patience, de respect d'autrui pour accorder à son enfant une certaine autonomie. Qualités que l'on retrouve plus fréquemment chez les mères de fils. Les conflits s'arrangent souvent plus vite, comme si la satisfaction de la relation au fils ramenait plus tôt le plaisir et l'harmonie.

« C'est justement dans ces premières concessions à son autonomie, insignifiantes en apparence, que se manifeste l'hostilité ou la bienveillance de la mère. Et si l'hostilité survient, le besoin de nier sa liberté, de le plier à ses désirs, de lui imposer une discipline, de le soumettre le plus tôt possible et définitivement, apparaît aussitôt ; cette nécessité de s'imposer immédiatement, de soumettre l'enfant, est bien plus forte quand il s'agit d'une fille[4]. »

Dès les premiers mois, la mère peut avoir envers sa fille des attentes, des exigences qui peuvent compliquer la relation. Si la mère se crispe sur certaines demandes, parfois par insécurité, parfois par volonté de domination, le bébé ressent ces désirs comme incongrus et il commence à vouloir s'y opposer. C'est le début du conflit, qui au stade oral peut s'exprimer : l'enfant refuse le biberon, régurgite...

On voit un certain nombre de mères avoir des difficultés avec le biberon de leur bébé, alors que tout se passe correctement avec les autres personnes qui s'occupent de l'enfant.

C. Olivier va jusqu'à écrire : « La fille, puisque c'est elle qui présente électivement des difficultés d'alimentation, en s'opposant à la nourriture de sa mère, s'oppose en même temps à son "rêve identificatoire", celui-ci cherchant à mettre l'enfant à une autre place que la sienne propre[5]. »

Ici, la mère impose sa loi, ses désirs et ne sait pas s'adapter aux besoins de l'enfant. La fille se rend compte de ce que veut sa mère, et comprend qu'il faut qu'elle en passe par sa volonté, au détriment de ce qu'elle ressent, elle. Elle peut refuser, s'opposer à ces désirs maternels, qui l'empêchent de s'exprimer, elle. En ne laissant pas entrer le biberon, elle ne laisse pas entrer les désirs de la mère.

## *L'apprentissage de la séparation*

Entre 4 mois et 3 ans, le processus de séparation s'affirme, période de la vie appelée « séparation-individuation » par le Dr Margaret Mahler. « La séparation, c'est l'émergence de l'enfant hors de la fusion symbiotique avec la mère, et l'individuation, les réactions marquant l'assomption par l'enfant de ses propres caractéristiques individuelles[6]. »

C'est à cette période que l'enfant commence à résister aux injonctions de sa mère, à dire « non », pour pouvoir s'affirmer, pour marquer sa différence : en s'opposant, on se différencie. C'est une période qui est parfois plus difficile pour la petite fille que pour le petit garçon. Comme cela a déjà été dit, la mère supporte moins facilement l'autonomie de sa fille, son opposition, projette sur elle sa propre angoisse de séparation.

La petite fille grandit, elle commence à marcher, à s'autonomiser, à oser.

Elle commence à vouloir dominer, dominer son corps d'abord. C'est l'âge où elle apprend à donner ou retenir l'urine et les selles, puis à dominer les objets, elle peut agir sur eux, les prendre, les jeter. Ce début de maîtrise l'amène à prendre conscience petit à petit de ses capacités, à se sentir un peu moins dépendante, et cela est très sain.

Les comportements de la mère face à cette autonomisation naissante de la fille sont importants. Si elle encourage sa fille à conquérir son autonomie, elle l'aide à dépasser ses peurs, à prendre confiance en elle.

Par contre, si la mère est craintive, elle lui transmet ses appréhensions et l'empêche d'avancer sainement. La fille est confrontée à la peur que lui procure l'envie de s'aventurer.

Si la mère répond par sa propre anxiété, elle augmente celle de sa fille. Celle-ci alors ne tente plus rien, devient sage et perd le désir d'explorer.

Si la mère ne réussit pas à s'adapter aux besoins de sa fille, si elle lui répond de façon parfois sévère en interdisant fréquemment, en exigeant un certain nombre de choses, la fille comprend que ses désirs ne sont pas écoutés, pas encouragés, elle risque de les refréner, de traquer sans cesse le regard, l'approbation de sa mère pour savoir ce qui est bien ou mal. Elle croit faire les choses mal, alors qu'expérimenter est normal. Ainsi, elle apprend à s'adapter aux désirs de l'autre au détriment des siens. Pour que ses désirs se développent, ils doivent être entendus et acceptés.

## Le développement du narcissisme

### Le narcissisme ou l'amour à l'intérieur de soi

L'enfant a besoin de l'attention de ses parents, en particulier de sa mère. Cette attention, entre autres, permet d'établir un narcissisme sain.

Le développement du narcissisme[7] est un processus normal, indispensable à la formation d'une image positive de soi. Le bébé investit sa mère narcissiquement, dans le sens où il considère sa mère comme une partie de lui-même, il ne fait pas la distinction entre lui et l'objet. Il n'a pas de notion de lui-même, il regarde sa mère, et y voit ce qu'il est. Si sa mère le regarde avec admiration et bienveillance, il commence à ressentir qu'il a de la valeur. Il regarde sa mère comme dans un miroir : il se trouve et construit sa notion de lui-même dans l'expression de sa mère, les sentiments qu'elle éprouve à son contact.

La construction de la conscience de soi se forge d'abord en regard des comportements de la mère. Si la mère est aimante, l'enfant apprend à se croire aimable, à s'aimer.

Si la mère est rejetante, l'enfant se voit comme indésirable, comme mauvais. C'est l'attitude qu'a la mère à son égard qui lui montre ce qu'il est, puisqu'il n'a au départ aucune conscience de lui-même.

La mère est l'objet investi narcissiquement pendant la phase du narcissisme primaire (la phase symbiotique), et pendant la phase de séparation-individuation, lente séparation entre lui et sa mère. L'enfant a un besoin fondamental d'être vu, compris, respecté, considéré par sa mère. Ce besoin est une condition indispensable à la formation d'un sentiment de soi sain.

La mère parvient plus facilement à satisfaire les besoins de son enfant dans les premiers stades de la symbiose. Il est vrai qu'à ce stade, en aimant son enfant, elle s'aime elle-même. Par la suite, elle devra accepter les désirs de son enfant qui seront différents des siens. Elle devra aimer cette petite fille pour ce qu'elle est, et non pour ce qu'elle attend d'elle.

### Le besoin d'être valorisée

L'enfant a besoin d'être admiré, il recherche spontanément les compliments et nourrit son narcissisme de cette valorisation. Il désire de façon normale qu'on le rassure en l'encourageant, en mettant en avant ses qualités, il cherche à susciter l'approbation, la reconnaissance et mieux l'admiration de ses parents, ce qui lui donne une valeur à ses yeux.

Certaines mères, qui pourtant veulent bien faire, n'arrivent pas à approuver leur fille totalement, à l'admirer pour ce qu'elle est, à la complimenter pour la valoriser. Il existe un frein chez ces mères, qui peut avoir de multiples causes.

Certaines mères ne supportent pas certains « défauts » supposés chez leur fille, ou bien ne peuvent supporter ses

« échecs ». Elles se polarisent sur ces « défauts » et ne voient plus que cela. D'autres pensent que trop complimenter risque de rendre leur fille vaniteuse. La petite fille recherche les compliments, veut attirer l'attention. Si sa mère se sent gênée, l'accuse d'être prétentieuse, elle aura honte et n'osera plus se mettre en avant.

Gisèle vient consulter pour sa fille de 12 ans, sur les conseils de professeurs. Juliette est effacée, triste, en retrait, ne s'intéresse à rien. Ses résultats scolaires se détériorent. Gisèle paraît d'emblée agacée par cette démarche. Sa fille ne lui a toujours posé que des problèmes : depuis sa naissance, elle ne lui apporte que des insatisfactions. Bébé, elle mangeait mal, elle a marché tard, ensuite ses résultats scolaires n'étaient pas ceux que sa mère attendait. Elle trouve qu'elle ne sait pas s'amuser, elle ne sait pas se mettre en valeur... Bref la pauvre Juliette n'a que des défauts ! Gisèle essaie de me communiquer sa souffrance, elle aimerait que je la plaigne, elle, d'avoir une fille aussi insatisfaisante. À aucun moment, elle n'évoque l'éventuelle souffrance de sa fille, qui est pourtant le motif de la consultation.
Gisèle aime se mettre en avant, porte une grande importance à son apparence. Gisèle aime plaire. Et il semble que sa fille ne la valorise pas, alors elle ressent de l'hostilité envers elle. Gisèle a un fils, ni plus brillant ni plus valorisant que sa sœur (il a même des résultats scolaires moins bons !), mais elle parle de son fils avec beaucoup plus d'affection. « C'est mon fils ! » dit-elle avec fierté.
Gisèle me dira peu de chose d'elle-même, de son passé. Elle dira toutefois avoir souffert d'avoir deux frères préférés à elle par sa mère, s'être toujours sentie moins intéressante. Gisèle s'est très longtemps sentie inférieure à sa mère, femme à la forte personnalité. Elle a souffert, étant petite, de ne pas se sentir à la hauteur, de ne pas avoir d'importance. Alors maintenant elle veut qu'on la remarque, elle veut occuper le terrain. Elle recherche toujours à

épater sa mère, à en faire toujours plus. Elle a besoin de soigner son narcissisme en souffrance. Elle y arrive d'ailleurs, par sa réussite sociale et ses capacités de séduction.
Mais sa fille ne lui apporte aucune satisfaction narcissique. Elle représente la part d'elle-même qu'elle ne supporte pas : celle qui n'était pas digne d'être aimée. Gisèle ne remet pas en question l'attitude de sa mère à son égard : « J'étais moins intelligente, moins douée que mes frères », elle reproduit ce qu'elle a subi : elle préfère son fils à sa fille ! Sa fille n'aurait de valeur à ses yeux que si elle la valorisait, elle. On comprend la souffrance de Juliette, son effacement, sa solitude.

Pourquoi cette mère se comporte-t-elle ainsi avec sa fille ? Gisèle ne veut pas consciemment faire du mal à sa fille, mais sa fille l'agace, c'est plus fort qu'elle. Pour être ainsi agacée, c'est qu'elle ressent sa fille comme une partie d'elle-même, la mauvaise partie.

Elle n'est pas suffisamment séparée de sa fille, pour avoir la distance nécessaire qui lui permette d'être bienveillante. Gisèle, est-elle séparée de sa mère ? Elle attend toujours d'elle qu'elle la complimente, elle voudrait être la préférée. Elle n'imagine pas vivre loin d'elle. Elle reconnaît qu'elle a besoin d'être rassurée, et ce que pense sa mère a toujours beaucoup d'importance pour elle.

Lorsqu'une mère n'est pas séparée de sa fille, elle prend à son compte la moindre de ses défaillances, et se sent blessée par ses éventuels défauts. La fille peut avoir l'impression que ses désirs, ses sentiments, ses actions et même ses échecs ne lui appartiennent pas.

Les compliments qui lui sont adressés l'aident à prendre confiance en elle. Mais ceux qui nourrissent l'autosatisfaction de la mère ne l'atteignent pas et la conduisent à se construire une fausse identité destinée à satisfaire sa mère.

### L'amour du père

Le père est tout aussi important que la mère pour donner de l'amour, pour valoriser son enfant. Assez tôt, vers 18 mois, la petite fille commence à s'intéresser à son père, elle le veut pour elle, elle repousse parfois même sa mère, sans ménagement. Elle aime profiter de ce nouvel attachement. Le père, comme on l'a déjà dit, aime autrement sa fille, il peut pallier les manques maternels, tempère et sécurise *autrement*.

Malheureusement, certaines mères ont du mal à supporter cette relation père-fille naissante. Elles se sentent rejetées, repoussées. Elles le supportent d'autant plus mal si cette relation avec leur propre père leur a manqué. Elles s'évertuent alors à freiner les élans œdipiens de leur fille, pour garder l'exclusivité : relation exclusive avec leur fille et relation exclusive avec leur mari, ce qui rappelle leur propre relation exclusive avec leur mère ; elles n'ont pas appris à partager !

L'œdipe empêché, le regard du père qui manque, la toute-puissance de la mère risquent d'enfermer la fille, de la maintenir en position d'infériorité. Plus tard, elle aura les plus grandes difficultés à croire en sa féminité. Elle rêvera à un avenir meilleur, où enfin elle sera regardée, confirmée dans sa féminité. N'est-ce pas la fameuse histoire du prince charmant, qui plaît tant aux petites filles comme aux plus grandes ? Ce prince charmant auquel elle croit si fort, c'est cette mère aimante qu'elle aurait voulu avoir, l'acceptant comme elle est, c'est aussi le père qu'elle n'a pas eu, celui qui la valorise en tant que femme. Mais l'inconscient est tenace et têtu : il lui répète qu'elle n'est pas digne d'être aimée et que son corps de fille n'intéresse personne. Ses expériences futures auront parfois beaucoup de mal à lui prouver le contraire.

### La colère intérieure

La petite fille est confrontée à des frustrations, et c'est inévitable, elle n'obtient pas toujours des satisfactions, elle ne peut faire tout ce qu'elle veut. Elle doit s'adapter, et ainsi apprendre à réagir aux déceptions, aux manques passagers, aux insatisfactions. Elle ressent de la colère face à ces frustrations, elle peut en vouloir à sa mère, montrer son hostilité. Elle peut lui en vouloir du pouvoir qu'elle a sur elle.

Si la mère est capable de comprendre ses colères, leurs origines, de leur permettre de s'exprimer dans une certaine mesure, la fille peut plus facilement dépasser le stade de la colère, elle se sent soutenue, accompagnée dans son cheminement. Elle est alors capable de s'adapter, et apprend à gérer les frustrations.

Si la mère ne tolère pas les marques de contrariété de sa fille, « une fille doit être douce et docile », ou qu'elle les interprète comme de l'hostilité à son égard, une forme de rejet, ou qu'elle se sent remise en question, elle empêche sa fille de les exprimer, elle lui fait comprendre que cela est inacceptable. La fille alors réprime ses émotions hostiles, son agressivité. Mais la colère reste dans son inconscient, inexprimable. Elle pourra réapparaître plus tard, contre elle-même, ou contre les autres.

Parfois les frustrations sont trop importantes, car la mère ne sait pas s'adapter aux besoins de sa fille, la colère s'accumule, et risque d'entraver le processus sain de développement. (C'est une des conceptions développées par Melanie Klein, dont on reparlera plus loin.)

À la colère succède la culpabilité d'en vouloir à sa mère dont elle a tant besoin. Elle se sent coupable de mal se comporter, d'être « méchante », comme parfois sa mère est capable de le lui dire.

La colère est un sentiment normal qu'il est sain d'apprendre à dépasser afin de réagir aux frustrations de façon adaptée. Certaines femmes ne sont jamais en colère, elles subissent les difficultés sans réagir, mais elles s'en veulent de ne pas arriver à obtenir ce qu'elles désirent et retournent leur colère contre elles-mêmes. D'autres sont en colère tout le temps, pour tout. Dans les deux cas, c'est le processus initial de la gestion de leurs sentiments hostiles qui n'a pu s'effectuer normalement.

Les premières ont appris à ne pas exprimer leurs sentiments, de peur de perdre l'amour, et sont ensuite incapables de dire ce qu'elles ressentent quand elles ont une insatisfaction.

Les secondes sont restées fixées sur leurs ressentiments et leurs frustrations, et ne peuvent croire en l'amour de l'autre.

### La mère idéalisée

La petite fille a besoin d'idéaliser ses parents, sa mère notamment. Elle a besoin de se construire sur la confiance en sa mère. Cette idéalisation est indispensable pour garder la mère comme bon objet, et lui permettre de compter sur elle, de l'intégrer. L'idéalisation est un processus normal et sain quand l'enfant est petit. Elle doit progressivement faire place, dans de bonnes conditions, à un regard plus juste et objectif. Quand un adulte idéalise toujours ses parents, il doit s'interroger sur les raisons qui l'empêchent d'acquérir un regard lucide.

Plus la mère est « défaillante », et plus l'enfant va utiliser l'idéalisation, pour la garder bonne. S'il ressent des frustrations, qu'il est maltraité, il préfère penser que tout est de sa faute, il garde ainsi sa mère idéale. Si quelque chose ne va pas, il pense que c'est de sa faute, à lui. Il apprend à ne pas « voir » ce qui lui fait mal dans le comportement de ses parents, il préfère les imaginer et les garder parfaits malgré leurs défaillances.

L'enfant croit à cette perfection, parce qu'il est totalement dépendant. Comme il ne peut pas se permettre de détester sa mère, l'enfant retourne sa colère contre lui. Au lieu de dire qu'elle est détestable, il dit : « Je suis détestable. » Sa mère doit rester bonne et parfaite. Il serait beaucoup trop déstabilisant d'en douter.

On retrouve souvent, à l'âge adulte, cette idéalisation de la mère, d'autant plus importante chez celles qui ont eu des mères « mauvaises ». Ces patientes ont les plus grandes difficultés à avoir un regard objectif sur leur mère. Elles la justifient en permanence, toujours pour préserver l'illusion de la « bonne » mère. « Elle se comportait ainsi parce que j'étais insupportable. » Mais si la fille était « insupportable », c'est peut-être que sa mère ne pouvait pas la supporter, l'aimer, et c'est peut-être à cause de cela qu'elle, la fille, souffrait.

### Le moi idéalisé

Au début, l'enfant se sent au centre du monde. Le monde tourne autour de lui. Il n'a pas conscience des autres en dehors de son existence. Tout est relié à lui. C'est ce qu'on peut observer dans le sentiment de toute-puissance de l'enfant qui se sent responsable de tout ce qui se passe autour de lui. Quand ça ne tourne pas rond, il se sent fautif. Il est, décidément, au centre de toutes les activités d'autrui, de tous les sentiments d'autrui. Ce « gonflement » narcissique primordial va faire place progressivement, dans les conditions saines, à un narcissisme plus adapté qui, lui, est bien structuré, où le sujet apprend ce dont il est capable, et ce qui n'est pas de ses compétences. Il apprend à s'aimer pour ses qualités, ses capacités, et accepte ses défaillances. Il apprend qu'il n'est pas le centre du monde, mais qu'il n'est pas rien pour autant, et qu'il possède un certain nombre d'aptitudes. L'environnement adapté l'amène à « lâcher » progressivement son ego surdimensionné.

Lorsque l'enfant est confronté à de nombreuses dévalorisations, au sentiment répété d'être insatisfaisant, aux exigences importantes de ses parents, il passe du sentiment d'être « tout » à celui de n'être « pas grand-chose ». Il risque alors de rester fixé à son ancien sentiment de lui-même idéal : il croit qu'en ayant des compétences « grandioses », il pourrait de nouveau intéresser et recevoir l'amour de ses parents.

Sa façon d'être ne lui permettant pas de recevoir l'amour dont il a besoin, il se crée une image idéalisée de lui-même, qui seule lui permettrait, du moins c'est ce qu'il croit, de recevoir admiration et amour. Cet idéal est imaginaire, l'enfant ne l'atteint jamais, c'est un fantasme auquel il s'accroche, pensant qu'il pourrait lui donner de la valeur, alors qu'en réalité il n'obtient pas la valorisation qu'il attend.

Cet aspect du trouble narcissique a été bien développé par H. Kohut, qui parle de « soi grandiose[8] » qu'il définit comme une structure basée sur des fantasmes de grandeur.

Plus tard, le sujet voudra atteindre cet idéal, sous peine de se sentir « rien », son narcissisme défaillant ne lui donnant pas l'estime de lui-même pour ce qu'il est. Il doit être grandiose, le plus beau, le plus fort, celui qui réussit le mieux, sinon il se sent vide et a l'impression de ne pas exister. Tant qu'il n'atteint pas son idéal, il est insatisfait et se dévalorise.

« Il apparaît que le narcissisme est déplacé sur ce nouveau moi idéal qui se trouve, comme le moi infantile, en possession de toutes les perfections. [...] Il ne veut pas se passer de la perfection narcissique de son enfance ; s'il n'a pas pu la maintenir, car les réprimandes des autres l'ont troublé et son propre jugement s'est éveillé, il cherche à la regagner sous la nouvelle forme de l'idéal du moi[9] », écrit Freud.

Ainsi le moi idéalisé reste d'autant plus prépondérant et persistant que les exigences et les réprimandes à son égard ont été fortes.

## L'apprentissage de l'indépendance

De nombreuses études rapportées par Colette Dowling dans *Le Complexe de Cendrillon*[10], montrent une différence significative en matière d'indépendance, dès le plus jeune âge, entre les petites filles et les petits garçons.

Les petites filles sont moins incitées à l'indépendance que les garçons. Les mères surprotègent plus leur fille, qu'elles estiment « plus fragile ». Elles lui laissent moins de liberté, s'empressent auprès d'elle pour qu'elle ne se fasse pas mal. Elles sont moins promptes à relever leur fils quand il est tombé : « Il est plus dur, il s'en sortira. » Cette surprotection empêche la fille d'apprendre à se sortir seule d'une situation difficile, à gérer seule ses émotions.

Pour maîtriser une situation, il faut être capable de supporter la frustration. Si le parent aide trop vite son enfant, celui-ci ne sera jamais capable d'un tel effort. C. Dowling cite une étude comparant les réactions parentales aux pleurs de leur bébé fille ou garçon. La mère interprète les pleurs de son bébé différemment si c'est une fille ou si c'est un garçon. Lorsque sa fille pleure, la mère accourt plus rapidement, pensant qu'elle a peur. Lorsque son garçon pleure, elle prend plus de temps pour intervenir, interprétant ses cris comme de la colère. Quelles que soient les raisons sous-jacentes, il semble que les mères soient plus inquiètes pour leur fille, plus interventionnistes, et la laissent plus difficilement se débrouiller seule.

On devient indépendant après avoir appris à gérer les situations seul, à compter sur ses capacités personnelles, à se fier à son propre jugement. Le petit garçon a des comportements instinctuels plus violents (il mord, il tape…), il doit dépasser le stress engendré par les restrictions parentales. Il apprend qu'il ne peut pas toujours plaire à ses parents et il fait avec. En même temps, il sait que son indépendance est valorisée, que ses parents l'encouragent à ne pas dépendre d'eux. La petite fille est plus calme, plus sage et satisfait plus facilement ses parents. Elle apprend à savoir ce qu'on attend d'elle, et elle sait très bien y parvenir. Il y a donc moins de conflits avec la fille, mais elle y perd en indépendance. D'autant que la mère l'encourage moins à se débrouiller sans son aide.

C. Dowling souligne chez les filles « le développement de besoins d'affiliation excessifs, autrement dit le besoin de vivre avant tout des relations[11]. »

Elle propose quelques explications :

- la petite fille est moins encouragée à l'indépendance ;
- elle est davantage protégée par ses parents ;
- il est plus difficile pour la fille d'entrer en conflit avec sa mère, de s'en séparer ;
- il est plus difficile pour la fille d'avoir une identité bien séparée de celle de sa mère, et donc de se séparer d'elle.

L'indépendance conduit à se confronter à soi-même, à prendre confiance en soi, confiance en ses compétences. Si on est toujours dépendant de l'autre, préoccupé à le satisfaire, on développe ses capacités pour comprendre et s'adapter à ce que l'autre attend, mais on ne développe pas ses capacités pour apprendre ce qu'on est capable de faire, et ce qui est satisfaisant pour soi.

## Les capacités d'adaptation de la fille

« En grandissant, les filles ont tendance à augmenter leur dépendance vis-à-vis des autres. En un retournement total de leurs possibilités de développement, les filles utilisent leur avance en matière de capacités perceptuelles et cognitives, plus développées à âge égal, non pour accélérer le processus de séparation d'avec maman, non pour obtenir progressivement la satisfaction pure et simple de maîtriser une situation, non pour rechercher une indépendance grandissante, mais pour percevoir et devancer les exigences des adultes – et s'y conformer[12] », écrit C. Dowling. Il semble que les filles recherchent la réussite pour obtenir l'amour et l'approbation, alors que les garçons la souhaitent plus fondamentalement pour eux-mêmes.

Ce qui revient à dire que la petite fille a une faculté plus développée que le garçon à percevoir les émotions de l'autre, à ressentir ce qui fait du bien ou du mal à l'autre, à être à l'écoute des désirs et des besoins de l'autre. Cette capacité est une qualité, mais elle peut se retourner contre elle, si elle la développe pour satisfaire l'autre et s'écarter de ce qu'elle désire pour elle-même. Cela devient d'autant plus problématique si elle évolue dans un climat familial exigeant. Elle va être à même de percevoir et de s'adapter aux attentes parentales. Elle développe ses capacités pour plaire à l'autre. Et le désir de plaire, chez les femmes, ce n'est pas rien. Parfois, il conditionne totalement leurs vies.

Les femmes sont plus souvent portées vers la psychologie, l'étude de ce que l'autre ressent, l'analyse des souffrances d'autrui. Sans vouloir catégoriser on peut avancer que la psychologie féminine s'oriente plus aisément vers l'analyse des conflits, la compréhension de l'autre ; alors que la psychologie masculine s'oriente plutôt vers l'action, vers l'obtention d'un résultat.

Il est évident que l'on retrouve cette capacité de percevoir les désirs de l'autre chez les deux sexes, mais on peut émettre l'hypothèse d'une faculté plus aiguë présente chez la fille de percevoir et de vouloir satisfaire le désir de l'autre. Ce qui peut expliquer ses difficultés à prendre son indépendance, comparativement au garçon qui développera plus ses capacités d'autonomie.

Il est vrai que la femme est potentiellement mère, et que son rôle de mère lui demande des facultés d'adaptation à son enfant, des capacités de compréhension de ses besoins avant même qu'il puisse les exprimer. La fille est élevée par sa mère qui fait preuve de ces qualités d'adaptation, elle se structure à partir de ce modèle.

## La découverte de la sexualité

Dès le plus jeune âge, l'enfant découvre les plaisirs que procurent les caresses, notamment celles situées sur le bas-ventre. Il cherche alors à reproduire cette expérience par lui-même. La mère, sans même y réfléchir, enlève la main de « là », surtout chez sa petite fille : « Ce n'est pas propre ! » La mère ne sait pas trop pourquoi, mais elle ne peut supporter de voir sa fille faire « ça ». Elle se justifie : « Ça ne se fait pas. » Pourquoi ? Cela la met mal à l'aise et réveille en elle quelque chose d'angoissant. En se comportant de cette manière, elle transmet ce qu'on lui a transmis : le plaisir à cet endroit-là est honteux, est mal. Par la suite la petite fille posera des questions qui pourront embarrasser la mère : elle a compris, cela n'est pas bien, cela gêne sa mère, elle n'en reparlera plus. Les bases sont posées : la sexualité est taboue, immorale.

Il y a des femmes qui, lorsqu'elles deviennent mères, mettent leur sexualité au second plan, l'écartent de leur vie « pour régler le problème ». Ces mères gênées par la sexualité naissante de leur fille feront tout pour freiner cet élan. La petite fille perçoit la gêne, comprend que son comportement dérange. La mère n'a même pas besoin d'intervenir en parole, son attitude suffit. Si elle n'a pas de vie sexuelle, elle transmet à sa fille le désintérêt, le dégoût que cela lui inspire.

D'autres ont les meilleures intentions du monde, veulent faire partager ce qu'il y a de bon dans la sexualité, mais leur discours ne correspond pas à leur comportement. De cette ambiguïté, la fille ne retiendra que le comportement maternel.

Un certain nombre de tabous sur la sexualité féminine est transmis de mère en fille. La mère libérée a parfois des réactions discordantes par rapport à son discours. Elle peut se sentir gênée de parler du corps sexué de sa fille, de son vagin, de son clitoris. Elle ne sait pas trop comment réagir aux questions de sa fille sur la masturbation. Elle ne comprend pas d'où vient sa gêne, alors qu'elle se veut mère et libre de tout tabou. Son malaise vient de l'éducation qu'elle a reçue, encore présente dans son inconscient. En véhiculant cette gêne par rapport au plaisir, elle risque de la transmettre. Il est très fréquent d'entendre des jeunes filles en consultation parler difficilement de sexualité. Ce qu'elles ont appris ne vient pas de la parole maternelle. La recherche du plaisir, une sexualité assumée sont des notions encore conflictuelles. Ce qui n'est pas réglé chez la mère sera transmis à la fille.

Certaines femmes ont un rapport encore très angoissé avec la sexualité. Elles parlent moins simplement de sexualité que les hommes, se sentent très vite gênées lorsqu'on évoque le plaisir. Ces femmes ressentent un malaise, ne savent le plus souvent pas trop pourquoi, et se sentent coupables d'être si « coincées ».

Ces femmes ont été des petites filles élevées par des mères qui elles-mêmes ne se sentaient pas à l'aise avec la sexualité, et portaient leur propre culpabilité.

La fille a introjecté la mère répressive, s'est identifiée à la mère angoissée. Elle a intégré tous les éléments répressifs et culpabilisants. Plus tard, sa mère ne sera plus là pour lui dire que c'est mal de prendre du plaisir, mais tout sera conservé dans l'inconscient. Alors, elle ne pourra s'empêcher d'associer jouissance et culpabilité (son inconscient prenant le relais de la mère), même si intellectuellement elle avoue ne rien trouver de mal aux relations sexuelles. Le discours de l'inconscient contredit le discours conscient. Et il y en a un qui est plus fort que l'autre...

Ce qui est important pour la petite fille, c'est qu'elle se rende compte qu'il se passe quelque chose de chaleureux et de très particulier entre sa mère et son père. Elle doit ressentir comme souhaitable d'aller sur ce chemin qui lui est montré, et non renoncer à s'intéresser à cette sexualité qui commence à l'effrayer, qu'elle perçoit comme complexe ou malsaine.

## L'ouverture au monde

La période de latence se déroule environ de l'âge de 4 à 11 ans. Elle se caractérise par une accalmie des conflits entre la fille et sa mère. La petite fille découvre de nouvelles relations, la maîtresse, les copines. À mesure qu'elle s'attache à l'école et à l'extérieur, les difficultés avec la mère s'estompent. Elle découvre un nouveau monde, en dehors de la relation à la mère. Elle est souvent curieuse et avide d'apprendre.

« Et puis il y a chez la fille cette passion du "savoir" et de l'école où elle peut enfin donner la mesure de son véritable désir, loin de celui de sa mère. À moins que la mère ne continue, là aussi, de vouloir téléguider sa fille, il y a des chances que la petite fille "aime" vraiment l'école comme lieu de réalisation personnelle[13] », écrit C. Olivier.

Les études montrent que les filles obtiennent de meilleurs résultats que les garçons dès le cours préparatoire. Elles sont plus studieuses, plus curieuses. On remarque qu'elles sont plus dociles, elles ont appris à l'être, elles s'adaptent mieux à l'institution scolaire.

Que cette période soit calme ne signifie pas que les conflits ont été réglés, que la rivalité ou la colère ont disparu. Les conflits existent toujours, mais ils sont mis entre parenthèses. Ayant besoin d'une relation sécurisante avec sa mère, la petite fille s'ouvre sur le monde et se rassure à la maison.

Les filles à cet âge ont des rapports particuliers entre elles. Elles recherchent souvent une relation exclusive. Il y a la bonne copine, et souvent pas de place pour d'autres. Une relation à trois amies, c'est bien souvent ingérable. Ensuite, les rapports entre filles sont souvent conflictuels, mais pas de façon directe. Les filles ne se bagarrent pas comme les garçons, elles sont sages, de « chic filles ». Par contre, elles se comportent parfois comme de véritables « pestes » entre elles : une petite fille ne dit pas en face à une autre ce qui la contrarie, mais elle va aller se plaindre aux autres, ou faire véhiculer des reproches concernant la fille en question...

La relation que la fille recherche est duelle, exclusive. Le tiers la menace, elle veut une relation rien qu'à elle. C'est un peu comme si elle n'avait pas appris à partager, à savoir qu'un tiers n'est pas là pour rompre la relation, mais pour l'enrichir.

Peut-être a-t-elle appris qu'une relation de complicité duelle est une relation normale où un tiers n'a pas sa place ?

Les filles parfois n'arrivent pas à dire franchement ce qu'elles pensent. Quand elles sont en colère, elles ne disent rien, mais ça explose plus tard, plus sournoisement.

Elles ont appris à refouler et à ne pas exprimer leur colère. Une fille qui se fâche, qui s'énerve, ce n'est pas bien ; c'est peut-être plus facilement toléré pour le garçon. Les filles ont appris à ne pas accepter l'idée d'être en rivalité, d'être jalouses, alors elles refoulent. En n'affrontant pas directement les sentiments qui les gênent, elles expriment leur malaise de façon détournée.

Si les conflits sont désordonnés à l'extérieur, à la maison, c'est beaucoup plus calme.

Même si la mère a tendance à régenter la vie de sa fille, ce qui la met toujours en colère, elle ne l'exprime plus. Pendant cette phase d'accalmie, l'individualité se construit pas à pas. Elle emploie son énergie à gérer ce qui se passe à l'extérieur, à apprendre, à se préparer à ce qui va suivre. Elle recherche la présence de sa mère, la complicité, elle a besoin d'être conseillée, rassurée.

Le jour viendra, où elle voudra prendre son autonomie. L'adolescence est cette période où l'enfant cherche à savoir qui il est. Pour cela, il doit pouvoir se distinguer de sa mère, sans culpabilité. La fusion entre mère et fille, comme on l'a déjà dit, s'accompagne de la confusion des identités. La distinction passe par le processus de séparation, c'est-à-dire une prise de distance suffisante par rapport à ce qu'est la mère, ce qu'elle pense, ce qu'elle dit.

Pour cela cette dernière doit accepter de se séparer de sa fille, cesser de la contrôler et lui faire confiance.

« Laisser partir » est peut-être une manière plus aimable d'évoquer l'idée de séparation. L'expression implique de la générosité, qualité dont la mère a un immense besoin. « Se séparer, ce n'est pas perdre une personne qu'on aime, ce n'est pas se couper d'elle. C'est accorder sa liberté à l'autre pour qu'elle puisse devenir elle-même avant qu'un lien trop étroit ne la rende rancunière, bloquée. La séparation n'est pas la fin de l'amour. Elle crée l'amour[14] », écrit la journaliste Nancy Friday. Tant de mères ont du mal à laisser partir leur fille, à lui donner cet espace ; tant de filles ont du mal à partir, tant la sécurité du cocon maternel est confortable. Mais le confort ne fait pas grandir, il n'apprend pas à se connaître, ce qui est constructif c'est oser et dépasser ses peurs infantiles.

## L'adolescence

C'est une période de bouleversements corporels et psychologiques majeurs. Les transformations physiques arrivent enfin. La fille attend cela depuis si longtemps, d'avoir enfin des signes de sa féminité. Il lui faut maintenant intégrer ces nouveaux atouts, tester le pouvoir de ce corps en transformation. Elle sent que le monde qui s'ouvre à elle lui appartient, sa sexualité également. Alors qu'elle s'était souvent sentie « régentée » par sa mère, son adolescence peut enfin devenir son affaire à elle.

### *Jeux de rivalité*

#### La rivalité de la fille

D'après le Larousse, la rivalité est la « concurrence de personnes qui prétendent à la même chose ». La fille prétend au même statut féminin que sa mère, aux mêmes atouts, aux mêmes avantages, à la même capacité de séduction.

Après la période où la petite fille voulait son père pour elle, à l'adolescence, la rivalité entre mère et fille s'exacerbe. La jeune fille commence à se comparer à sa mère, elle teste son identité féminine, ses atouts. Elle peut même se sentir plus forte : elle est plus jeune, elle a l'avenir devant elle !

La sexualité naissante met une distance entre mère et fille. La fille porte un regard plus critique sur sa mère. Elle peut maintenant jouer sur un terrain plus égal, elle sait que son avenir sexué lui appartient.

L'opposition à la mère jusque-là atténuée s'exprime maintenant, parfois de façon violente : combien de mères se sentent désemparées devant leur fille qui leur échappe, qui ne les écoute plus ! L'autonomie de leur fille n'est toujours pas facile à accepter, mais la fille ne se laisse plus faire.

La jeune fille a besoin de marquer sa différence d'avec sa mère à qui elle s'est beaucoup identifiée. Mais il faut maintenant qu'elle se sente « autre » pour définir ses propres contours.

Cette différence, elle peut la ressentir auprès de son père. En s'identifiant à certains traits de son caractère, elle se distancie de sa mère. Le regard de celui-ci lui donne le courage d'avancer, la valorise, lui permet de se sentir plus forte. Elle peut s'éloigner de sa mère, son père est là.

Mais le père n'est pas toujours présent et n'a parfois pas conscience de l'importance de son rôle. En écoutant les jeunes femmes en consultation, on entend souvent des ressentiments envers leur mère. « Elle a été trop restrictive, elle n'a pas fait assez de compliments, etc. » Mais rares sont les reproches adressés au père absent. Pourtant son absence leur a fait du mal ; leur capital confiance en leur féminité en a pâti.

L'opposition saine et structurante doit exister. Ses formes d'expression varient. Souvent difficiles à vivre, les comportements d'opposition ne doivent pas inquiéter la mère. L'adolescente a besoin de contredire, de ne pas être d'accord, d'avoir des avis contraires. Il est préférable qu'elle s'affirme ainsi. Lorsqu'elle peut exprimer son désaccord, cela signifie qu'elle a une certaine liberté et qu'elle peut vivre en dehors du désir maternel. Au contraire, une forte complicité, exclusive, entre une mère et sa fille à l'adolescence pose question sur les capacités d'individualisation et sur les motifs qui empêchent la jeune fille de se confronter à sa mère : peur de la perdre, peur de la séparation ?

Il est important qu'elle cultive son jardin secret qui marque la séparation et lui permet d'avancer avec ses propres désirs. Si l'adolescente peut lutter pour acquérir une bonne estime de soi, si elle prend confiance en elle, si elle parvient à se définir différente en étant valorisée, elle aura de moins en moins besoin de se comparer. Et la rivalité avec sa mère s'estompera. Elle aura acquis une solidité intérieure.

### La rivalité de la mère

La rivalité de la fille envers sa mère est saine, mais qu'en est-il des sentiments de la mère vis-à-vis de sa fille ? La mère a parfois tendance à vivre difficilement l'autonomie de sa fille, elle a du mal à la voir grandir, devenir plus belle, plus désirable, plus « pleine » d'avenir. Voir grandir sa fille, c'est se voir vieillir aussi.

« C'est une constatation – somme toute assez banale dans la pratique de toute analyse de femmes – qu'une rivalité de la mère envers sa fille se révèle de façon quasi constante, bien qu'à des degrés très divers ; elle éclate le plus souvent, dans toute son ampleur, lors de la puberté de la fille[15] », écrit la psychanalyste Annick Le Guen.

La mère qui ne peut supporter que sa fille grandisse et devienne autonome, qui se sent menacée par son épanouissement ou par la comparaison, a un problème de rivalité avec elle. Pourquoi se sent-elle menacée ? Pourquoi la rivalité lui est-elle dangereuse ?

« C'est une rivalité de femme, à l'égard de la future femme... mais pas seulement. Ainsi, pour certaines mères, la rivalité devient une véritable revendication à l'encontre de leurs filles qui prennent leurs places, et ce d'autant plus qu'elles sont mal assurées de celles-ci ; ces filles sont donc à éliminer[16] », poursuit A. Le Guen.

On peut supposer ainsi que la mère incertaine de sa féminité, peu sûre de sa place, voit en sa fille une rivale. Elle traduit ainsi le fait que sa féminité n'est pas acquise, qu'elle peut lui être enlevée par une autre femme. L'ombre de la première femme, la mère, réapparaît.

Sa propre place de femme, face à sa mère, n'a pu être prise sans crainte, et l'angoisse d'en être dépossédée est toujours présente. Cette rivalité avec sa mère qu'elle n'a pas pu exprimer, elle l'a refoulée, tel un danger qui pouvait lui faire perdre l'amour maternel ; alors elle a préféré abandonner la bataille et perdre en abdiquant.

Quand elle devient mère à son tour, sa rivalité refoulée se réveille avec sa fille. Ce sont des mères qui se sentent en danger : danger ancien de perdre encore ; alors cette fois elles ne se laisseront pas faire, elles seront les plus fortes ! Elles dénigrent leur fille pour affirmer leur pouvoir et amoindrir le sien. Ces femmes qui ressentent la rivalité comme dangereuse ne voient pas la qualité structurante de l'opposition et de la compétition. On comprend alors qu'une mère rivale, jalouse, empêchera la rivalité saine de sa fille à son égard, qui deviendra alors une jeune mère qui se sentira menacée par sa fille. La rivalité ainsi refoulée se transmet de génération en génération.

Il est souvent difficile pour la fille de prendre conscience de la jalousie de sa mère à son égard, parfois elle l'entraperçoit mais en rejette l'idée. Elle a du mal à comprendre que sa mère qui « ne lui veut que du bien » puisse éprouver de tels sentiments.

Il est difficile de distinguer les comportements maternels véritablement bienveillants de ceux qui ne le sont pas. En dépit des croyances de la fille, l'affection et la bienveillance ne sont pas permanentes. Elle a tellement besoin de sa mère, qu'elle préfère lui donner raison, la justifier. Elle préfère alors se comporter pour la satisfaire, même si c'est à son détriment.

Même si elle entraperçoit parfois que cet amour est « sous conditions », emprisonnant, elle préfère ne pas voir au-delà, et se persuader de l'immense et indéfectible amour de sa mère. Comment supporter de voir les choses autrement ?

La fille reste alors accrochée à sa mère, à son besoin d'amour insatisfait, ce qui entrave et retarde le processus structurant de séparation.

### *Blanche-Neige*, la reconnaissance de la jalousie maternelle

Ce conte met parfaitement en lumière la rivalité mère-fille à l'adolescence. Grâce à Bruno Bettelheim[17], on sait que les contes parlent à l'inconscient de l'enfant, et l'aident à surmonter certaines difficultés. Blanche-Neige est élevée par sa belle-mère, qui éprouve de la jalousie pour sa belle-fille lorsqu'elle apprend qu'elle lui est supérieure en beauté. La belle-mère représente la « mauvaise » mère, la « bonne » mère étant incarnée par la véritable mère de Blanche-Neige, morte en couches. Il s'agit en fait de la même mère, mais le conte les sépare, afin que ceux qui lisent ou entendent le conte puissent supporter l'existence de la mauvaise mère. C'est à la naissance de la fille que la « bonne » mère disparaît pour faire place, quelques années après, à la « mauvaise ». La jalousie de la belle-mère est telle qu'elle veut éliminer sa belle-fille. Le chasseur qui est commandité pour cela peut apparaître comme une figure paternelle. C'est un père faible, qui abandonne sa fille dans la forêt, et qui est dominé par sa femme. Il sauve sa fille de l'agression maternelle, mais ne la protège pas et la laisse toute seule. « Ce sont ces pères-là qui créent des difficultés insurmontables chez l'enfant et qui ne savent pas les aider à les résoudre[18] », écrit B. Bettelheim.

Blanche-Neige affronte ses peurs (seule dans la forêt au milieu des animaux sauvages), ce qui n'est déjà pas mal. Elle se réfugie chez les sept nains, qui peuvent apparaître comme une forme asexuée de la figure paternelle, qui la protègent de la méchante belle-mère.

La mauvaise mère veille et va tenter la jeune fille par la pomme, symbole de l'amour et de la sexualité.

Malgré les recommandations des nains, la tentation de la sexualité est plus forte. Blanche-Neige connaît les dangers qu'elle encourt, mais elle prend le risque. Les deux femmes partagent la pomme, qui symbolise les « désirs d'une sexualité mûre ». La belle-mère plus forte élimine sa belle-fille. Blanche-Neige survit, elle triomphe face à la jalousie de sa (belle-)mère. Elle peut aller dans le sens de ses désirs sexuels, contre l'avis de sa mère. Les nains, image paternelle, l'ont accompagnée dans la construction d'elle-même, l'ont valorisée en tant que femme.

Elle reste endormie encore un certain temps avant que le partenaire de l'autre sexe apparaisse. Le conte insiste sur le temps nécessaire aux différentes étapes de la construction de la jeune fille, sans être défini. Il se passe une longue période entre le moment où elle affronte sa mère et décide d'être une jeune fille sexuelle (elle croque la pomme) et le moment où elle va rencontrer son partenaire. « Il faut encore beaucoup de temps avant que soit formée une personnalité plus mûre et que soient intégrés les vieux conflits. C'est à ce moment-là seulement qu'on est prêt à accueillir le partenaire de l'autre sexe[19] », écrit B. Bettelheim. La fin du conte qui voit la fille triompher de sa mère fait du bien aux petites filles. L'existence de la mauvaise mère est révélée. Oui, cette mauvaise mère, jalouse, existe, elle le sait inconsciemment, et grâce au conte elle comprend qu'elle peut la combattre et gagner son statut de femme.

## *Quand la rivalité perdure*

### La compétitivité empêchée

Pourquoi les femmes sont souvent peu compétitives, pourquoi se sentent-elles si facilement menacées par une autre qu'elles jugent plus belle, plus forte ? Pourquoi les femmes sont-elles jalouses entre elles ?

Les femmes qui n'ont pu vivre la *compétition* avec leur mère, qui ont préféré perdre et ne pas lutter, pour sauvegarder leur relation avec elle, craignent plus tard toute forme de compétition. Ayant appris à perdre, elles font tout pour éviter la compétition. Les autres femmes sont souvent perçues comme dangereuses, menaçantes, capables de les replacer en position d'infériorité, ou de les nier totalement.

On entend parfois des femmes critiquer la compétition, elle serait malsaine, voire répréhensible, mais les hommes n'ont pas ce genre de préjugés. Les femmes qui redoutent la compétition sont celles qui se sentent inférieures parce qu'elles n'ont pas pu imposer leurs capacités. Elles risquent d'être jalouses des autres qu'elles estiment toujours supérieures à elles. La jalousie est peut-être un vilain défaut, mais pas la compétitivité.

### La jalousie des femmes entre elles

La jalousie est un sentiment de rivalité où on se sent perdant, inférieur et on en veut à l'autre d'éprouver cette sensation désagréable. La peur de perdre l'amour maternel peut empêcher une fille de rivaliser sainement avec elle. Elle risque de se sentir en position inférieure, puis d'éprouver ce sentiment par la suite envers toutes les autres femmes.

Le désir de réussir des femmes sur le plan professionnel s'accompagne parfois de manifestations d'intransigeance, d'un désir de domination des autres femmes en les maintenant à une place inférieure. Leur penchant pour réussir paraît s'accompagner de la peur d'en être empêchée, d'être perdante dans la compétition. Elles paraissent ne pas supporter une éventuelle rivale, et veulent dominer, « écraser » les autres à n'importe quel prix. Comme si elles se sentaient menacées par toute autre femme, et y remédiaient en les « anéantissant ». Leur rivalité est manifeste, mais elles ne combattent pas « à la loyale », elles sont terrifiées à l'idée de perdre. Si elles perdent, elles ne sont plus rien. Et ce rien auquel elles veulent à tout prix échapper les angoisse. Ce rien, elles l'ont vécu avec leur mère qui avait tout, et contre qui elles n'ont pu rivaliser. Alors il faut qu'elles soient en position supérieure, qu'elles soient plus fortes, plus admirées, pour éviter de ressentir ce rien sous-jacent. Ces femmes se comportent comme les mères rivales de leur fille, qui ne veulent pas lâcher leur pouvoir, et qui se sentent menacées par ses avantages naissants.

Les femmes sont souvent très jalouses entre elles, ressentent un danger face aux autres femmes qu'elles ont du mal à appréhender. Elles se sentent parfois complètement démunies face à d'autres qu'elles jugent plus belles, ou plus compétentes. Face à ces femmes, elles ont la sensation de ne plus avoir de valeur, ni de pouvoir. Les qualités éventuelles des autres ne sont pas perçues avec détachement, mais sont ressenties comme agressives. La femme se sent amoindrie par le pouvoir de séduction des autres, et en perd le sentiment de sa propre valeur. Alors elle se protège, se défend en dénigrant l'autre, en essayant de la dévaloriser. Tout est bon pour critiquer et se moquer.

L'autre femme est menaçante, elle peut lui prendre, lui enlever quelque chose, qui a à voir avec son sentiment de valeur en tant que femme. L'« autre » femme est dangereuse. Elle peut lui ravir sa place. L'« autre » femme, la première, la mère, a été toute-puissante. La mère avait le père pour elle, avait le pouvoir, avait la supériorité de l'adulte. Parfois la mère voulait garder ces avantages, voulait garder cette supériorité, seul endroit où cela lui était possible, et facile. La fille de cette mère aura toujours l'impression que l'« autre » femme peut la déposséder du peu d'estime qu'elle a réussi à acquérir, et la renvoyer en position d'infériorité. L'« autre » femme est une rivale potentielle, avec laquelle elle risque de se sentir perdante. Alors, méfiance !

> Martine présente une dépression importante suite à son divorce survenu il y a quelques années. Son mari l'a quittée après vingt ans de mariage. Elle n'arrive pas à supporter cette séparation, et sa dépression s'amplifie avec le temps. Elle ne supporte pas d'être seule, et ne trouve de goût à rien sans la compagnie de quelqu'un. Elle a besoin de l'autre pour pouvoir prendre du plaisir, mais fondamentalement elle avoue ne pas se sentir exister par elle-même, elle n'existe que dans son rapport à l'autre, son soutien de l'autre.
>
> Elle avoue avoir des difficultés avec les autres femmes, elle n'a pas d'amies filles, se sent plus à l'aise avec les hommes. « Avec les hommes, je peux me sentir acceptée, alors qu'avec les femmes, je me sens toujours en position d'infériorité, et je ne cherche même pas à me bagarrer. »

Les rapports avec sa mère sont douloureux, sa mère lui fait des reproches, la culpabilise, la tyrannise, et elle ne répond pas et laisse faire. Cette situation n'est qu'une continuité de ce qu'elle vivait dans l'enfance. Elle était la seule enfant à la maison, son père était quasiment absent, et sa mère omniprésente. Sa mère attendait que sa fille s'occupe d'elle, et c'est ce qu'elle faisait telle une gentille petite fille. Elle voulait toujours satisfaire les désirs de sa mère. Ses désirs à elle ? Personne ne s'en préoccupait, alors elle ne se souvient même plus en avoir eu. À l'adolescence, elle a commencé à vouloir prendre un peu d'autonomie, mais sa mère lui a vite fait comprendre que c'était très mal vu, alors en fille docile, elle a abdiqué. Sa mère ramène toujours tout à elle. Tout ce que Martine vit ne semble pas véritablement l'intéresser. « Quand je lui parle de moi, je sais toujours que la conversation va revenir sur elle, qui est la plus importante ; c'est comme si elle me dépossédait de ce que je suis. Je n'ai pas d'importance. Elle se pense la plus merveilleuse des mères, et que je devrais me réjouir de l'avoir eue comme mère. Mais il n'y a qu'elle qui compte en réalité. Mes difficultés, mes souffrances, tout comme mes joies n'ont pas véritablement d'importance, comparativement à Elle. » Martine a laissé le pouvoir à sa mère, pour ne pas la perdre. Elle n'avait pas de père à qui se raccrocher (sa mère avait fait en sorte de le dévaloriser et de l'évincer). Alors elle n'a pas le sentiment d'exister pour elle, elle ne sait exister que pour les autres.

Avec les autres femmes, elle se sent facilement « rien » en leur présence, elle leur laisse le pouvoir, elle n'a pas appris à lutter. La compétition ? Elle n'y a même jamais pensé. Elle a fait un travail sécurisant et sans intérêt toute sa vie, alors qu'elle a un niveau intellectuel qui lui aurait permis de faire tout autre chose. La dépendance, la sécurité, le sentiment de ne pas exister par elle-même définissent ce qu'a représenté sa vie jusque-là.

## *Pourquoi s'opposer ?*

### L'opposition structurante

L'opposition qui ne peut s'exprimer peut empêcher une personnalité de se construire. Comme cela a été dit, l'opposition est saine car elle permet à la fille de se différencier, de se définir comme autre, de se séparer de sa mère. Si l'opposition est acceptée par la mère, c'est un véritable espace de liberté, de découverte d'elle-même qui s'offre à elle. Elle peut s'affirmer, d'abord timidement, puis avec de plus en plus d'assurance, sans craindre de perdre l'amour de sa mère, sans craindre que l'autre femme la déposséde de ce qu'elle est en train de construire. L'opposition ne signifie pas violence, irrespect, agressivité outrancière, mais tentative de délimiter son territoire. Il est important que le respect entre mère et fille perdure, quelles que soient les tempêtes traversées.

Parfois s'opposer est compliqué car la fille ressent qu'elle est fortement désapprouvée. Son élan légitime est regardé de travers, elle risque alors de refouler tout ce qui peut l'éloigner de sa mère. Elle compose, se comporte comme on l'attend d'elle, reste en retrait.

> Martine n'arrive pas à s'opposer à sa mère. Elle l'exprime clairement. « Si je ne fais pas ce qu'elle veut, elle me culpabilise, et j'ai peur qu'elle ne m'aime plus. » Au début de la thérapie, elle était convaincue qu'elle avait reçu de sa mère « trop d'amour », et se pensait ingrate. Petit à petit, elle a compris l'emprise de sa mère sur elle, et elle a commencé doucement à se rebeller, à ne plus se laisser faire, a commencé à s'autoriser à exister pour elle. Il fallait qu'elle accepte l'idée que ce « trop d'amour » était peut-être en fait un « pas assez d'amour ». Ce ne fut pas chose facile.

Parfois l'opposition s'exprime, mais de façon indirecte, au prix du sacrifice.

C'est ce que l'on peut voir dans certains cas d'anorexie. La fille ne veut pas grandir, devenir une femme, elle veut garder un corps plat et sans forme. Elle reste encore en relation fusionnelle avec sa mère, il n'y a pas de conflits exprimés. Pourtant la rébellion est bien là, mais elle est inconsciente : la fille ne peut pas s'opposer ouvertement, elle reste la fille sage et gentille qu'elle a toujours été, mais elle refuse d'avancer dans le désir de l'autre, de devenir ce que ses parents ont désiré pour elle. Elle ne parvient pas à s'imposer, à marquer ses désaccords, de peur de « perdre » sa mère qui vit au travers d'elle et n'a d'autre souci que la vie de sa fille. Elle se sent coupable de ne plus satisfaire ses parents, mais elle ne peut plus continuer, collée à leur désir. Sa culpabilité l'empêche de s'autoriser à penser à elle, à ce qui pourrait lui faire du bien. Elle se trouve dans l'impasse, ni dans son désir à elle, et plus dans le désir de l'autre.

Parfois, l'opposition s'exprime mais devient systématique et omniprésente, elle peut signifier le refus d'avancer dans le désir de l'autre, la tentative de s'affirmer face à une mère qui ne vit que par sa fille et qui l'empêche de désirer pour elle-même. L'agressivité peut s'exacerber, face à une mère trop aimante, car trop désirante. On ne peut se construire dans le désir de l'autre. La rébellion permet de se réapproprier son existence, au prix de la culpabilité, si la mère se sent blessée par l'attitude de sa fille, et ne comprend pas la signification de la rébellion.

L'opposition permet de tracer ses propres contours, d'entamer une distanciation nécessaire et indispensable.

« Les manques, les désaccords, les ressentiments, les pierres d'achoppement, les insatisfactions, les attentes déçues, tout cela crée en l'enfant et sa cellule familiale des zones de clivage à partir desquelles le processus de "séparation-individuation" parvient à maturité, obligeant à terme le jeune adulte à investir un autre territoire de vie. On ne peut en quelque sorte se séparer que sur des malentendus. C'est-à-dire des intuitions inexplicables, mais qui inspirent la conviction qu'il n'y aura plus d'épanouissement possible dans le champ d'influence des parents[20]. »

Une bulle affective, protectrice et dénuée d'aspérités n'aide pas l'enfant à se construire, à oser tester sa différence, à imposer son originalité. Comment oser s'opposer à ceux qui nous ont toujours prodigué les meilleurs soins, protégés de tout ce qui est possible, sans en ressentir une culpabilité insurmontable ?

Les failles, les manquements permettent de sortir de l'idéalisation, ils donnent un espace pour chercher sa différence, pour commencer à se séparer.

« Il n'y a rien de plus imparfait qu'un parent parfait[21] », selon la formule de Boris Cyrulnik.

Pour que l'enfant puisse s'opposer de façon structurante, ce qui lui permet de se séparer et de prendre de l'autonomie, les parents doivent trouver la bonne distance. C'est-à-dire qu'ils ne doivent pas être trop restrictifs, froids ou intolérants, sans être pour autant trop proches, laxistes, ou toujours compréhensifs. Dans les deux cas, l'opposition devient alors compliquée. L'enfant de parents trop distants a peur en s'opposant de perdre le peu d'affection qu'il reçoit. Celui de parents trop proches n'arrive pas à se révolter contre des parents toujours parfaitement compréhensifs. C'est là toute la complexité de l'art d'être parent. Trouver la bonne attitude adaptée à l'enfant, en fonction de son évolution, suppose de la souplesse, de bonnes capacités d'adaptation. Ce qui est important, c'est que les parents sachent garder leur place de parents (tant qu'ils ont en face d'eux des enfants). Il y a un rapport de hiérarchie à préserver, en comprenant l'importance du respect à maintenir des deux côtés.

Les parents n'ont pas à plaire à leurs enfants. S'ils doivent s'adapter, ils doivent aussi garder leurs lignes de conduite, leurs conceptions, et s'y tenir. L'enfant, un jour ou l'autre, se fera une joie de ne pas être d'accord. Ce sera un bon début pour savoir qui il est.

### L'opposition qui déborde

Parfois l'opposition explose, se transforme en rage dévastatrice. La jeune fille ne respecte plus rien, se noie dans l'agressivité débordante. La peur de perdre n'est plus de circonstance. C'est plutôt ici un trop-plein, une tentative de rechercher les limites. Pour s'opposer, il faut trouver en face de soi un être prêt à en découdre. Si la mère se montre toujours d'accord, compréhensive, tolérante, à qui se confronter, où est l'adversaire ? Sa recherche peut amener aux pires débordements. L'émergence des parents « maltraités » en atteste. Ce ne sont plus eux qui détiennent l'autorité, mais l'enfant. Place à laquelle il est mis trop prématurément pour se structurer. « L'enfant englué dans une impossible séparation, contraint à être satisfait, voire enfermé dans une impossible dette pour tenter son autonomisation envers et contre des parents irréprochables, ne va pouvoir montrer sa différence que dans une violence de refus[22]. » Cette opposition-là n'est pas structurante. L'agressivité cherche la loi, et ne la trouvant pas, se disperse et se démultiplie. Les règles, les interdits sont indispensables. Ce sont les tentatives de transgression qui structurent, qui favorisent l'autonomisation, la séparation, l'émancipation.

Quand les parents sont eux-mêmes dépassés par leur vie, débordés, incapables de positions franches, oscillant entre la permissivité et l'intolérance, ils n'offrent pas un cadre de référence stabilisateur à leur enfant. L'enfant a en face de soi des parents qui doutent de leur choix de vie, qui ne savent pas donner de ligne directrice. L'enfant est perdu, agressif face à des parents dévalorisés car non structurants. L'agressivité souligne la défaillance parentale, les incohérences, elle vient bousculer le désordre. Peut-être même qu'elle cherche à interroger, à amener les parents à se confronter à leurs contradictions.

### L'autorité structurante

Les limites, les règles sont indispensables. L'enfant a besoin d'être contenu, sinon il se disperse, se perd. Il ne naît pas avec les règles dans sa tête, et il ne peut se les mettre tout seul, ce serait lui accorder des capacités qu'il n'a pas. Imposer des règles claires, des limites bien définies, ordonne l'univers de l'enfant et le rassure. Il peut tempêter contre certains interdits, mais il connaît le cadre de référence, ce qui est beaucoup plus sécurisant pour lui que l'absence de règles qui l'amène à aller dans tous les sens à la recherche désespérée desdites limites !

L'autorité donne également un espace qui permet d'être en colère intérieurement, de ne pas être d'accord, d'affronter les points de vue. Trop de permissivité, d'acceptation, de tolérance, empêche la création de cet espace. L'enfant a besoin d'un espace bien à lui, qui lui donne envie de se décoller de ses parents, d'exister en dehors de la fusion primitive.

Pour résumer, on peut dire qu'il est important que la mère puisse supporter la rivalité sans se sentir atteinte dans son intégrité. Mais elle doit aussi savoir marquer sa place, exister pour elle-même, être cohérente dans ses choix de vie et faire autorité (est-il besoin de rappeler l'importance du père dans ce rôle-là ?). C'est sans doute ce juste équilibre qui permet de trouver la mère « suffisamment bonne ».

## *L'image du corps et de la menstruation*

Les transformations pubertaires sont marquées par un événement particulier, exclusif au sexe féminin : l'apparition des premières règles. Petite fille, elle s'aperçoit un beau jour qu'elle saigne. En général, elle sait ce que cela signifie, on lui en a déjà parlé ; parfois elle ne sait rien, on imagine alors les tabous autour de cela. Comment la jeune fille vit cet événement important, et comment l'entourage et sa mère principalement réagissent-ils à cela ?

C'est inquiétant de perdre du sang. La vue du sang est généralement source d'angoisse.

Et puis ce sang qui coule, sans qu'on puisse le contrôler, cela rappelle l'ancienne expérience d'absence de contrôle de l'urine et des fèces. Il en a fallu du temps, pour arriver à les contrôler, et voilà que ça recommence. Est-ce que ce n'est pas « honteux » cette régression ?

Face à ces sentiments d'inquiétude et de gêne, la réaction et la signification donnée seront déterminantes.

Si la réaction est enthousiaste, si la mère se réjouit de voir sa fille grandir, de pouvoir partager cette nouvelle étape avec elle, si elle se sent à l'aise avec la menstruation, alors la fille se sentira rassurée. Ce sera une aide pour assumer son corps, le regarder avec complaisance.

Mais est-ce la réaction la plus courante ? Quand on voit le nombre de femmes gênées par leurs règles, éprouvant de la honte lorsqu'elles achètent des protections hygiéniques, qui se sentent totalement « sales » si un peu de sang transparaît, on suppose alors que la valorisation de l'événement n'a pas été particulièrement présente.

Ce qui conditionne la réaction de la mère, c'est son propre vécu de la menstruation, et plus largement son rapport à la sexualité. Malheureusement l'angoisse, les frustrations se transmettent très facilement. Une mère mal à l'aise avec la menstruation, mal à l'aise de voir sa fille devenir une femme, aura un comportement qui exprimera cette gêne. Elle donnera très peu ou pas d'explication, renforçant l'idée chez sa fille que tout cela est bien embarrassant, et qu'en plus cet événement ne recueille pas l'approbation maternelle. Aussi, il est très important de valoriser cet événement, plutôt que de le passer sous silence.

À partir de ce moment, la vie de la jeune fille change. Elle découvre chaque mois de nouvelles sensations, plus ou moins douloureuses, s'organise en fonction de ce rythme menstruel, constate périodiquement des modifications de son caractère. Elle vit tout cela chaque mois, comme un rappel perpétuel qu'elle est une femme, qui portera un jour un enfant, ce sang est là pour le lui rappeler. On ne peut pas minimiser l'importance de ce changement, c'est pourquoi il est essentiel de donner un sens valorisant à la menstruation : ce sang signifie la transmission de la vie et non la maladie, la fille peut en être fière. Malheureusement, beaucoup de mères mettent tout de suite en garde leur fille : « Maintenant tu peux tomber enceinte, il faut te protéger. » Encore ! Cet événement n'est pas merveilleux, il est inquiétant.

Avoir honte de ses règles, c'est avoir honte d'une part de soi qui représente la féminité, c'est avoir honte de son corps.

Les femmes ont souvent un rapport très conflictuel avec leur corps. Leur apparence ne leur convient jamais assez, elles se trouvent toutes sortes de défauts. D'où vient cette insatisfaction perpétuelle ? Pourquoi l'apparence est-elle surinvestie, et surtout pourquoi n'est-elle jamais satisfaisante ? La fille sait que son apparence est importante. Pour séduire, il faut être jolie. Le garçon, lui, sait qu'il pourra séduire par son physique, mais surtout par sa réussite, ou d'autres capacités. Pour la fille, c'est différent : une fille peu jolie, même si elle a d'autres qualités, aura du mal à attirer les regards masculins.

Mais comment expliquer que les femmes n'arrivent jamais à se satisfaire de leur physique ? Elles ne voient que leurs (supposés) défauts qui les angoissent, ce qui les pousse à toutes sortes d'achats ou d'interventions pour arranger ou compenser. Mais cela peut-il avoir une fin ?

Après la satisfaction passagère d'un défaut corrigé, ne va-t-il pas en apparaître un autre ?

Le corps est surinvesti, lieu de toutes les insatisfactions. Revenons quelques années en arrière. Le père a-t-il admiré sa petite fille ? La mère était-elle à l'aise avec son apparence ? A-t-elle valorisé le corps sexué de sa fille ?

Cette insatisfaction ne serait-elle pas le signe d'une insatisfaction plus profonde, un manque narcissique où le corps devient symptôme ?

Les canons de la beauté sont fluctuants et exigeants. Certaines femmes peuvent avoir le sentiment de ne pas y correspondre et ont pourtant une bonne estime d'elles-mêmes ; par ailleurs il y a de « belles » femmes qui doutent d'elles en permanence. L'apparence physique ne résume pas la valeur de la femme. La femme trouve en son corps une raison de son insatisfaction d'elle-même. Mais la véritable raison est ailleurs. La souffrance narcissique est plus ancienne et plus profonde.

## Les modèles identificatoires

L'adolescente cherche à définir ce qu'elle désire être, ce qu'elle veut faire, ce qu'elle veut représenter. Elle construit sa confiance en elle et essaie de mettre en harmonie ce qu'elle veut être et ce qu'elle obtient pas à pas. Elle est confrontée aux autres, et à leur regard.

Pour se construire, il lui faut trouver des modèles auxquels elle a envie de ressembler, qui lui montrent la direction.

### Le modèle maternel

La fille qui a de l'admiration pour sa mère, qui trouve en elle un modèle à suivre, se sent plus à l'aise avec elle-même. La fidélité à l'image maternelle lui procure un sentiment de paix.

C'est plus compliqué pour celles qui n'ont pas envie de ressembler à leur mère et se sentent désarmées quant aux choix à faire. Si elles ne veulent pas se comporter comme leur mère, comment se comporter alors ?

La mère est un modèle maternel avant tout, beaucoup moins un modèle d'indépendance sexuelle. Elle est souvent perçue comme un être non sexuel. La fille a tendance à intégrer l'idée qu'être femme, c'est d'abord et avant tout être mère. La femme qu'elle voit depuis son enfance est d'abord une mère. Comment distinguer féminité et maternité ? Une femme qui ne peut pas être mère se sent souvent atteinte dans son identité de femme. Est-ce pareil pour un homme ? Un homme qui n'a pas d'enfant se sent-il pour autant moins « homme » ?

« Tout en approuvant les slogans d'avant-garde qui prônent la liberté sexuelle, nous constatons que l'idée que se fait la femme de son identité de genre, que ses sentiments subjectifs ayant trait à sa féminité sont beaucoup plus en relation avec son concept de mère qu'avec son concept d'être sexuel[23] », dit le Dr Robertiello.

L'adolescence passée, nous entamons une vie d'adulte, nous vivons en couple, nous nous rapprochons de l'image de la mère que nous avons connue. Quels que soient les rapports que nous entretenons avec notre mère, son image, sa façon d'être, de se comporter, ses choix de vie, son discours interviennent dans notre façon d'envisager notre vie en tant que femme. Si nous avons de bons rapports avec elle, nous aurons envie de la prendre comme modèle, dans divers champs de ses caractéristiques. Nous reproduirons sa façon de se comporter. Si, par exemple, nous l'avons entendue se plaindre toute notre enfance des contraintes de son travail, nous ferons des études, mais dès que nous nous marierons, nous arrêterons de travailler, influencées par son discours.

Mais si nous ne voulons lui ressembler en rien, nous risquons de rejeter en bloc ce qu'elle représente. Notre mère pouvait être très maternelle, restait à la maison, mais nous avons souffert de cette relation étouffante. Alors nous voudrons à tout prix être indépendantes, avoir un travail, une vie bien à nous, mais nous aurons du mal à laisser libre cours aux sentiments maternels, de peur d'être étouffantes pour nos enfants.

Ou encore, notre mère a toujours privilégié sa carrière professionnelle, à notre détriment. Nous voudrons alors être une mère, présente, attentive, mais nous n'arriverons pas à concilier maternité et activité professionnelle, avec la crainte permanente de léser les enfants.

En nous comportant ainsi, sommes-nous vraiment séparées ? Sommes-nous libres ?

« Faire le tri » dans les diverses caractéristiques d'une mère est compliqué, mais indispensable pour trouver la liberté de savoir ce que l'on veut garder et ce que l'on ne veut pas répéter.

> « Ma mère était une belle femme. Elle s'est toujours beaucoup investie dans son travail. Elle partait le matin, toujours parfaitement apprêtée, pour aller travailler. Elle m'impressionnait. Mais elle ne s'occupait pratiquement pas de moi. J'ai toujours su que j'étais un poids pour elle. Elle m'a eue très jeune, et cela a dû contrarier son envie de profiter de la vie. Alors elle m'a mise à l'écart, je crois que si elle avait pu se débarrasser de moi, elle l'aurait fait. » Cette patiente souffre de ce grave manque affectif, elle en veut beaucoup à sa mère. Elle est mariée, a trois enfants, et travaille comme assistante maternelle. Tout ce qui tourne

autour de la maternité est valorisé. « Je ne veux surtout pas ressembler à ma mère. » Elle a une présentation assez masculine, ne fait aucun cas de son apparence, a des manières assez rudes. Elle a écarté d'elle tout ce qui représente la féminité, en rapport avec la figure maternelle. Pourtant elle n'aime pas l'image qu'elle donne, sa violence, son apparence, et se sent tiraillée, mais c'est plus fort qu'elle. Quand elle fait attention à elle, quand elle s'apprête un peu, se féminise, elle a l'impression angoissante de ressembler à sa mère. Le fait d'arriver à dire, à mettre en mots son histoire, à comprendre l'origine de ses contradictions, l'amène à plus de liberté, plus d'espace pour s'autoriser à être « à sa façon ».

**Les autres modèles**
L'adolescente a besoin de se définir « autrement », différemment de sa mère sur certains points, elle peut être aidée en cela par d'autres modèles. D'autres femmes peuvent jouer un rôle très important dans l'édification de sa personnalité. Ce peut être un professeur, une copine plus mûre et plus âgée, une tante, une grand-mère... Cette autre femme va la marquer, elle peut l'admirer, avoir envie de la prendre comme exemple. Ce qui est spécifique à ces modèles identificatoires extérieurs, c'est qu'il n'y a pas de compétition. La fille peut intégrer telle ou telle caractéristique par choix et non par obligation. Ce modèle n'attend rien d'elle. Elle est libre de s'en inspirer ou pas. La fille peut admirer une autre femme sans avoir le sentiment d'être amoindrie, ou pas à la hauteur, ce qu'elle pouvait ressentir avec sa mère.

Implicitement, avec la mère, il faut être pareille qu'elle, se comporter comme elle le souhaite.

Être différente, c'est s'opposer, se séparer aussi. Le modèle identificatoire extérieur aide la fille à savoir de quelle manière elle veut être différente, à accepter de ne pas correspondre au désir maternel, à se sentir plus forte.

Un modèle de séparation et de sexualité aide la fille à se séparer de sa mère. Sentir qu'une personne plus forte, plus sage, plus indépendante qu'elle connaît bien la route à suivre l'aidera. Si la personne investie comme telle est affectueuse, elle lui permet de surmonter le manque affectif qui risque de survenir de la part de la mère.

Le modèle d'identification le plus important est la personne qui peut soulager l'enfant des sentiments de culpabilité, plus ou moins conscients, de ne pas correspondre à ce que veut la mère. Ce nouveau modèle peut permettre à la fille de se faire une nouvelle opinion d'elle-même. Elle peut comprendre qu'il n'y a pas au monde qu'un unique type de femme et qu'elle peut choisir. L'adolescente a d'ordinaire autour d'elle un grand nombre d'êtres auxquels elle peut s'identifier. L'enfant tendra à choisir dans son environnement le modèle le mieux adapté à ses besoins.

Certaines mères ne supportent pas que leur fille admire et s'attache à une autre femme. Elles craignent de « perdre » leur fille, et peuvent se sentir rejetées. Elles s'évertuent alors à critiquer la personne en question. Elles risquent d'enfermer leur fille par leur propre insécurité. Alors qu'en la laissant s'ouvrir aux autres, elles lui permettent d'apprendre à savoir ce qu'elle veut être. La mère doit admettre que sa fille est autre, et qu'elle fait des choix différents pour cette raison et non pas parce qu'elle n'aime plus sa mère.

Il est courant d'entendre en consultation des mères qui voyant leur fille agir différemment, deviennent rejetantes. Elles ne se sentent plus en symbiose et ne le supportent pas, c'est encore le signe d'une séparation mal réglée.

Ces femmes ont sacrifié leur indépendance pour faire plaisir à leur propre mère et garder l'illusion de l'affection entre elles. Alors quand leur fille réalise ce qu'elles n'ont pas réussi à faire, elles ont du ressentiment, elles ont

« oublié » ce qu'elles ont sacrifié. Elles vont justifier leur choix en voulant que leur fille se sacrifie comme elles.

Le retour vers la mère, à ce stade du développement, est lourd de conséquences. Ce besoin de sécurité peut ramener la fille vers sa mère, celle-là même qui ne voulait pas la laisser partir. Mais en gardant la sécurité, on perd en connaissance de soi, en assurance. On angoisse face à la vie.

## *Cendrillon, la construction de soi*

Ce conte de fées contient les différentes étapes de la structuration de la fille : la rivalité œdipienne et fraternelle, la distinction entre la bonne et de la mauvaise mère, entre le bien et le mal, l'importance de l'amoureux face à un père absent.

Après la mort de sa mère, Cendrillon est élevée par son père. Ce dernier très aimant se remarie avec une femme fort méchante et n'intervient plus dans la vie de Cendrillon. La belle-mère, préférant ses deux filles à Cendrillon, s'évertue à l'humilier. La belle-mère est évidemment jalouse de Cendrillon. Elle ne supporte pas que cette fille soit aimée de son mari. La rivalité œdipienne est bien présente : la mère rejette sa fille car elle veut garder son mari pour elle seule. La rivalité peut aussi se lire chez la fille : elle aime son père et déteste la mère qui l'éloigne de son père. La rivalité fraternelle est également mise en scène. Les demi-sœurs avilissent et écrasent Cendrillon. Comportements de maltraitance que permet et encourage la mère. Cendrillon souffre d'être rejetée par une mère jalouse d'elle ; comme elle souffre de la méchanceté et de la jalousie de ses sœurs.

Cendrillon travaille dur, ne se plaint jamais. Un jour, le père partant à la foire, demande à sa fille et ses belles-filles ce qu'elles aimeraient qu'il leur rapporte. Les belles-filles demandent de belles robes ; sa fille demande une branche d'arbre « qui cinglera votre chapeau en cours de route ». Cendrillon plante le rameau sur la tombe de sa mère. Elle s'y rend chaque jour, pleure et ses larmes font pousser un très bel arbre. Les belles-filles ne sont intéressées que par l'apparence, alors que Cendrillon, elle, se concentre sur sa « bonne » mère. Par le don du père (la branche), et le souvenir de la bonne mère qu'elle cultive, Cendrillon devient plus forte, un bel arbre grandit.

« L'arbre symbolise que le souvenir de la mère idéalisée de la première enfance, quand il reste vivant, continue de former une partie importante de notre expérience intérieure, qu'il peut nous soutenir, et nous soutient jusque dans les pires adversités. [...] L'enfant sublime la mère généreuse réelle en une expérience intérieure de confiance foncière[24]. » Il peut aussi symboliser la force de Cendrillon qu'elle est en train d'acquérir, malgré l'adversité. La jeune fille se construit ainsi sur le souvenir intériorisé de la bonne mère.

Plus grande, Cendrillon demande à sa belle-mère l'autorisation d'assister à la grande fête préparée par le roi pour que le prince choisisse une fiancée. La marâtre lui demande pour cela des tâches quasiment impossibles à réaliser. Cendrillon y parvient, mais la marâtre ne tient pas ses engagements et lui interdit d'aller au bal. La belle-mère ne tenant pas parole montre la différence entre ce qui est bien – ce que Cendrillon essaie de cultiver en elle – et ce qui est mal – les comportements de la belle-mère et des sœurs.

Grâce à la magie, Cendrillon peut aller au bal. Elle rencontre le prince, mais s'enfuit, laissant une de ses pantoufles de vair[25] derrière elle.

Le prince retrouve Cendrillon grâce à la pantoufle qui, d'après Bettelheim, symbolise ce qui est le plus désirable chez la femme. Le prince ne s'effraie pas de revoir Cendrillon en haillons. Il ne tient pas compte de son aspect extérieur, il ne voit que ses qualités intérieures. Après avoir essayé la pantoufle aux belles-sœurs, qui tentent de tromper le prince, c'est l'authenticité de Cendrillon qui triomphe du mensonge.

Cendrillon ne choisit pas le prince ; elle est choisie pour sa féminité. Le prince permet à Cendrillon de devenir « féminine », désirable. L'amoureux reconnaît les qualités de la jeune fille, jusque-là reconnues de personne.

La jeune fille parvient à se construire sa personnalité, avec des valeurs déterminées, d'autant plus sûres qu'elles se construisent en comparaison des valeurs « mauvaises » de la belle-mère et des demi-sœurs. La bonne et la mauvaise mère se juxtaposent. La première, intériorisée, permet à la fille de prendre confiance en elle ; la seconde lui rend la vie difficile, mais lui permet de se construire en opposition à cette dernière.

« C'est la réunion des deux (mères) qui porte Cendrillon à sa perfection. Si la bonne mère ne se transformait pas en (belle)-mère mauvaise, il n'y aurait pas cet élan qui permet de développer un soi distinct, de distinguer le bien du mal, d'acquérir l'initiative et l'autodétermination. En est témoin le fait que les belles-sœurs, pour qui la marâtre reste la bonne mère tout au long de l'histoire, n'accèdent jamais à rien de ce qui précède. Elles restent comme des coquilles vides[26]. »

La marâtre n'est cependant pas une si bonne mère que cela pour ses filles : elle les pousse à la jalousie, à mentir, elle les manipule. Si elles sont « vides », c'est peut-être de ne pas avoir eu de bonne mère du tout, contrairement à Cendrillon.

*C'est la distinction nette de la bonne et de la mauvaise mère, réparties en deux personnes, qui aide la jeune fille à se structurer.* Dans la réalité, ces notions sont confondues en une et même personne, c'est pourquoi il est si difficile de les distinguer. En reconnaissant les mauvais côtés de sa (belle-)

mère, Cendrillon ne s'identifie pas à eux. Elle sait la direction qu'elle veut prendre, du côté de la « bonne » mère, les choses sont claires.

On rêverait cependant d'un conte où le père présent révèle la féminité de la fille, qui ne serait plus en situation d'attendre cette révélation du premier partenaire ; où ce ne serait pas le partenaire qui la sauve de sa vie misérable mais elle-même, avec l'appui de son père ; où la fille serait en position de choisir son partenaire, et non d'être choisie !

## Les premiers rapports sexuels

Les filles et les garçons s'engagent dans cette nouvelle aventure avec des priorités bien différentes.

### *La recherche de l'affection*

Le garçon sait que sa sexualité est importante, et ses capacités sexuelles entrent en jeu dans son estime de soi, de façon prépondérante. Ce qui le conduit à vouloir tester ses capacités, ses performances. L'affect, on le comprend, n'est pas au premier plan pour lui à cette période. Il suffit d'écouter les discussions des garçons entre eux à cet âge... et même plus tard !

Pour la fille, c'est une tout autre histoire : elle ne pense pas sa sexualité en termes de performances. Parfois on ne lui a pas parlé de sexualité, ou pire, on lui en a transmis une image « honteuse », tabou ; ses caractéristiques sexuelles sont cachées, souvent inconnues d'elle ; seuls ses seins qui apparaissent seulement à l'adolescence témoignent de sa féminité, ceux-là mêmes qui éveillent le désir chez l'homme. Elle va passer beaucoup de temps devant la glace pour savoir si elle est jolie, tout d'abord bien sagement comme le voulait maman, puis avec la conscience de plus en plus affirmée du pouvoir qu'elle peut y trouver. Elle doit éveiller le désir de l'homme, et satisfaire le désir est une histoire connue pour elle qui a toujours voulu plaire à sa mère. Ayant manqué du désir œdipien paternel, elle va le rechercher chez les garçons, au risque d'oublier son propre désir.

Elle aborde la sexualité en quête de sentiments d'affection d'abord, puis d'amour. L'acte sexuel est presque secondaire, parfois inquiétant et perturbant. Elle n'a jamais véritablement pensé la sexualité, ce n'est pas sa préoccupation majeure. Mais être aimée par un garçon, être désirée, elle l'attend depuis longtemps. Il n'y a qu'à regarder les romans à l'eau de rose que les femmes aiment tant lire. Les descriptions sexuelles sont rares (contrairement aux livres faciles qu'aiment lire les hommes), et on retrouve toujours la jeune femme épanouie et révélée à elle-même par l'amour du jeune et séduisant jeune homme qui s'éprend d'elle éperdument…

## *Les rêves de la jeune fille*

La fille rêve à un avenir meilleur, avec l'espoir qu'un homme lui éclairera la vie, la rendra heureuse. Elle attend de l'homme son épanouissement personnel ! Le garçon, lui, est plus dans la réalité. Il cherche son épanouissement par lui-même, en faisant des choses qui le valorisent, il est dans l'action.

Les femmes sont souvent déçues par les hommes, elles en attendent tellement. Ce sont elles qui se plaignent de leur mari et le rendent responsable de leur malheur. La femme attend de l'homme qu'il comble les manques, mais lui ne peut correspondre à toutes ses attentes.

« L'habituelle tendance de la fille à "rêver" ce qu'elle n'a pas ne peut que la mener sur des chemins dangereux :

d'abord à des illusions concernant la vie amoureuse, ensuite à des échecs répétés dus à la distance entre ce qu'elle imaginait et ce qu'elle trouve. Au moins, qu'elle fasse l'expérience de la réalité dès son adolescence et qu'on évite à tout jamais ces femmes qui, toute leur vie, cherchent l'homme idéal qui n'existe que dans leur tête[27] », écrit C. Olivier.

## *Les filles entre elles*

Les filles entre elles parlent peu de sexualité. Elles n'ont pas appris à en parler à la maison et n'osent pas trop s'aventurer sur ce terrain avec leurs amies. Elles ne savent pas grand-chose, et ce n'est pas trop auprès de leurs amies qu'elles vont apprendre. De plus, les filles sont souvent jalouses, les avancées de l'une sont observées avec envie et ressentiment mêlés. Elles édictent des lois tacites où un certain nombre de comportements sont mal vus : avoir une sexualité active par exemple, avec succession de partenaires, l'absence d'affect...

« Les lois sont ainsi faites qu'aucune fille ne peut distancer sexuellement les autres. C'est une trêve, une tentative de contenir la violence de la rivalité de toutes contre toutes pour le minimum d'égards masculins qui nous est autorisé. Au lieu de nous unir pour obtenir le maximum de sexualité, nous le faisons pour nous protéger d'elle et pour être sûres qu'aucune d'entre nous n'a une part plus importante de cette réalité dangereuse et si séduisante[28] », dit le Dr Schaefer.

Les adolescents garçons, par contre, aiment bien parler de sexualité, ils s'intéressent à ceux d'entre eux qui ont eu des expériences sexuelles. Ils aiment comparer leurs expériences, s'expriment plus facilement. Ils ont même des façons très crues et dévalorisantes pour la fille d'en parler, manière de faire baisser la pression due à l'exigence de performances, manière également de ne pas se sentir envahis par la relation avec la fille.

## *La sexualité, facteur de séparation*

La sexualité est un domaine qui nous appartient en propre, qui doit rester du domaine de l'intime. Les parents n'ont rien à y voir. Mais il est sain qu'ils puissent en parler, répondre aux interrogations, évoquer leurs conceptions, apporter des explications sur l'acte sexuel en termes simples et clairs. Tout ce qui peut être dit en termes de sexualité ne doit pas dépasser la limite de l'intime. La sexualité des parents leur appartient. C'est un domaine mystérieux pour les enfants qui attise leur curiosité. S'ils comprennent qu'il se passe quelque chose de très chaleureux entre leurs parents, cela est très positif. Mais la sexualité parentale doit se passer la porte fermée. Et cette intimité doit tout autant être respectée lorsqu'il s'agit des adolescents. Les parents n'ont pas à « violer » cette part intime, connaître des détails d'expériences qui ne leur appartiennent pas. Les mères qui veulent tout partager avec leur fille, qui se comportent en « copines » ne comprennent pas que ce n'est pas ce dont leur fille a besoin. Une mère reste une mère, se séparer d'elle, se définir autre doit en passer par le respect d'un espace fondamental : la fille a besoin d'intimité, d'être respectée, d'avoir son jardin secret. Cet espace préservé est très important dans son processus de séparation. Comment se différencier de sa mère si on partage tout avec elle, si on fait tout en commun, si on ne peut se passer l'une de l'autre ?

La fille doit s'aventurer sur le plan sexuel en dehors du regard et des jugements de sa mère. C'est là tout le pouvoir séparateur de la sexualité : dans ce domaine, la fille apprend à se débrouiller, en fonction de ses propres critères à elle.

Lorsqu'elle ne se prend pas en charge, ne prend pas ses responsabilités en termes de sexualité, c'est peut-être une façon pour elle de rester encore liée à sa mère. Elle ne fait rien de mal, elle ne sort pas du champ maternel, puisqu'elle n'a rien décidé par elle-même ! Elle ne peut pas jouir des bienfaits de la sexualité si elle attend toujours l'approbation maternelle.

On ne peut pas avoir une vie sexuelle, être indépendante, et en même temps dans la fusion avec sa mère. C'est pourquoi la sexualité vient achever le processus de séparation.

Si nous abordons la sexualité sur la pointe des pieds, en étant angoissées, méfiantes, évitantes à la moindre déception, nous prouvons que nous n'osons pas devenir véritablement indépendantes. Nous voulons inconsciemment rester de petites filles sages, toujours reliées à notre mère. Nous n'osons pas aborder cette part de la vie, soit parce que cela angoisserait notre mère, soit parce que cette responsabilité de nous débrouiller seules nous effraie. Il est plus sécurisant de ne pas affronter nos peurs, mais malheureusement ce n'est pas épanouissant. Faire ses propres expériences, avoir ses propres façons de concevoir la sexualité, qui n'ont peut-être rien à voir avec ce que notre mère pense, voilà qui favorise la prise d'autonomie. Si notre mère nous regarde de travers, cela ne doit plus avoir véritablement d'importance. Nous nous sommes forgé notre propre jugement, et c'est celui-là maintenant, et lui seul, qui importe. La femme la plus séparée n'est pas celle qui multiplie les aventures sexuelles par bravade, ou celle qui ferme les yeux en attendant que ça se passe, chacune des deux prouve qu'elle ne choisit pas sa sexualité en fonction d'elle-même, ni pour elle-même. Elle agit peut-être encore en fonction de sa mère, par volonté de faire le contraire ou simplement dans la sécurité de la répétition.

Avoir une sexualité adulte, c'est se sentir libre de ses choix, ne pas se sentir gênée sans savoir pourquoi, oser, connaître et assumer ses envies. Pourquoi est-ce parfois si compliqué ? Les hommes ont une sexualité active, ils sont obligés d'assumer et d'assurer, c'est fondamental pour leur estime de soi. La sexualité fait partie intégrante de leur vie, de leur confiance en soi. Pour eux, c'est un puissant facteur de séparation et d'indépendance. Pour les femmes, la sexualité est tout aussi importante pour leur indépendance, mais elle intervient moins dans leur estime de soi. Certaines femmes peuvent écarter de leur vie la sexualité pour diverses raisons, et ne pas se sentir moins femmes pour autant.

La façon dont nous vivons la sexualité en dit long sur notre inconscient, sur notre niveau d'indépendance. Si nous nous refrénons, si nous n'osons pas demander, si nous voulons simplement satisfaire notre partenaire, si nous nous sentons bloquées sans comprendre pourquoi, cela doit nous inciter à rechercher l'origine de nos contradictions. Qui nous dirige encore ?

CHAPITRE 3

# *L'empreinte maternelle*

L'impact de la relation à la mère retentit sur les différents aspects de la vie de la femme : la vie amoureuse, la sexualité, la capacité à l'indépendance, la façon d'être mère.

## La relation amoureuse

La relation affective qui se crée entre la jeune fille et le jeune homme se noue entre l'histoire affective de la fille et celle du garçon. Cette nouvelle relation amoureuse ne s'articule pas sur du vide mais sur un psychisme déjà nourri d'une première relation d'amour avec la mère, avec le père (s'il n'est pas absent). Cette relation première colore les relations ultérieures.

Le moment de la rencontre amoureuse se caractérise par un sentiment très fort, fusionnel, où l'on idéalise l'être aimé et où l'on se sent aimé totalement, pour soi.

Depuis le stade où nous avons dépassé la symbiose et découvert la solitude, nous rêvons de retrouver cette unité première. L'amour, le premier amour peuvent répondre au désir de retrouver cette ancienne unicité avec la mère.

Ensuite, la relation devient moins fusionnelle, et les deux amoureux apprennent à se découvrir, ont des attentes qui leur sont propres. Homme et femme abordent la relation différemment. De façon caricaturale, on peut dire que la femme attend un amour qui lui a toujours manqué, le sentiment d'être satisfaisant pour l'autre ; l'homme, lui, retrouve quelque chose qu'il a déjà reçu, l'amour œdipien de sa mère. Et ce que cet amour pouvait avoir d'étouffant et d'emprisonnant peut l'effrayer. Le garçon a souvent une attitude distante avec la fille pour se défendre de retomber dans une relation qui accapare trop, du type maternel.

## *L'affection pour le garçon*

La mère a pu être ressentie comme potentiellement castratrice pour le garçon. C'est la fameuse théorie de l'angoisse de castration développée par Freud et ses successeurs.

L'hypothèse de départ formule que le petit garçon croit que le monde entier possède un pénis. Le garçon s'apercevant de l'absence de pénis chez la fille se demande pourquoi elle en est dépourvue, et imagine alors qu'on le lui a enlevé. Naît alors chez lui l'angoisse d'en être dépossédé à son tour, ce que l'on appelle l'angoisse de castration. Cette angoisse le conduit à respecter la loi de l'interdit paternel, il choisit de garder son pénis, plutôt que de risquer de le perdre en gardant l'amour œdipien envers sa mère. C'est la résolution du complexe d'Œdipe.

Ainsi, pour le garçon, son attachement à sa mère lui fait craindre d'être dépossédé, d'être castré. C'est ainsi qu'est favorisée la séparation d'avec sa mère.

La mère détient le pouvoir sur son fils, et entretient avec lui une relation œdipienne qui peut être très satisfaisante pour elle, comme pour lui. Mais de cette symbiose

« idyllique », il doit s'extraire pour exister. C'est de cette difficulté à se sortir du pouvoir que sa mère a eu sur lui qui laissera des traces plus tard.

Le garçon se défend de la mère, car il craint que son affection pour elle le dépossède de son pouvoir, le castre.

Plus tard, face à l'autre femme, l'ombre de la mère planera toujours. Il craindra que la femme ne le dépossède tout comme il le craignait avec sa mère. Il craindra d'être étouffé par la relation, comme il a pu l'être avec sa mère. D'où la nécessité de la garder à distance et la tendance à la dévaloriser (afin d'amoindrir son pouvoir) que l'on retrouve chez beaucoup d'hommes. Cela peut expliquer en partie l'origine de la misogynie des hommes...

Ainsi l'homme aborde sa relation à la femme, en redoutant qu'elle soit menaçante, et en ne lui laissant pas trop d'espace pour ne pas être englouti. La femme, elle, attend qu'il soit proche, pour enfin se sentir exister en tant que femme. L'incompréhension paraît inévitable. Le garçon trouvera qu'elle en demande trop, et que cela l'angoisse, et la fille se plaindra de ne pas en recevoir assez, encore une fois.

## La féminité dans le regard de l'autre

Qu'est-ce qui définit la féminité, quelles sont les caractéristiques féminines ? Qu'est-ce que la femme doit posséder pour se sentir femme ?

« C'est dans les gestes, les intonations, la façon d'être où entrent le charme, la douceur, la sensualité, que se distingue ou, plus exactement, se devine la féminité[1] », écrit A. Le Guen.

Il semble, comme le souligne S. de Beauvoir, que « l'idée de féminité est définie artificiellement par les coutumes et les modes[2] », c'est-à-dire qu'elle peut évoluer en fonction des modes de pensée. Comme cela a déjà été dit, l'idée de féminité a longtemps été associée à la dépendance, la passivité, la fragilité, l'incapacité à se prendre en charge. Ces notions, si elles persistent encore, commencent à évoluer avec les mentalités.

### La féminité et l'image de la mère

La féminité est associée à la fonction essentielle qui différencie l'homme de la femme, à savoir la maternité. Il est parfois difficile pour une femme de pouvoir se sentir femme sans être mère. Les deux notions sont alors confondues. Il est vrai que la fille a été élevée par une femme qui était, pour elle, avant tout une mère. Elle ne peut alors concevoir son identité femme sans y associer la maternité.

La mère est le premier modèle de femme, l'exemple. Certaines vont s'identifier, et se sentiront féminines en étant comme elle. D'autres, et c'est pour elles plus compliqué, ne voudront pas ressembler à leur mère, pour diverses raisons. Elles se trouvent confrontées à une absence de modèle, et devront se fabriquer elles-mêmes une image de la féminité, en s'identifiant ailleurs. Dans tous les cas, la mère influence l'idée qu'elles se font de la féminité.

Le sentiment de féminité se construit aussi en fonction du regard de la mère. Si la mère dévalorise la féminité de sa fille, supporte mal qu'elle devienne séduisante, se pose en rivale, cela entrave son épanouissement. La fille risque de rester une petite fille qui n'ose pas affirmer sa sexualité, gênée – voire presque honteuse – de son pouvoir de séduction.

### La féminité dans le regard du père

Il semble que le sentiment de confiance en la féminité s'établit d'abord dans le regard de l'autre, l'autre masculin.

Une femme se sent femme quand elle est séduisante et qu'elle se sent exister dans le regard de l'homme.

Le regard du premier homme de sa vie, son père, est alors déterminant. Si son père a fait défaut, n'a pas vu en elle une promesse de femme séduisante, elle attendra de l'homme ce regard qui lui a tant manqué pendant son enfance. Comment croire en sa féminité, si elle n'a jamais été vue, éprouvée ?

Les petites filles qui ont été aimées « sous conditions » par leur mère, qui ont été invisibles aux yeux de leur père, vont rêver à l'homme qui viendra plus tard, le fameux prince charmant, celui qui aime de façon inconditionnelle.

### La féminité dans le regard de l'amoureux

Quand l'enfant est confronté au manque, il se fabrique des fantasmes, des rêves compensatoires, qui le conduisent à se fabriquer un objet idéal, capable de le rendre heureux et de lui apporter tout ce qui lui a manqué. Et les petites filles rêvent au prince charmant, à celui qui verra enfin qui elles sont, leur féminité…

La jeune fille investit cette relation affective en attendant qu'il lui donne confiance en elle, la rassure. Elle espère que dans ses bras, elle se sentira acceptée, regardée, elle existera en tant qu'être différencié, femme. Elle veut s'éprouver femme, enfin.

Elle aborde ses premières conquêtes masculines avec une attente démesurée.

Le garçon s'intéresse à elle, lui parle d'elle, elle écoute les mots qu'il emploie avec la plus grande attention. Elle est parfois tellement peu sûre d'elle-même, que tout ce qu'il dit d'elle est examiné à la loupe. Elle attache une importance considérable à tout ce que le garçon peut lui dire. S'il est attentif et qu'il la complimente, c'est un bon début pour combler le manque. Mais si cela se passe moins bien, que le garçon lui fait des remarques ou qu'il s'en désintéresse, elle qui doute d'elle-même risque de se persuader de l'absence de sa valeur. Elle rêvait au prince charmant qui lui donnerait le sentiment de compter, d'être importante... Quelle déception, quelle désillusion !

L'homme, lui, n'entend rien aux attentes de sa compagne, il ignore qu'elle a besoin d'être rassurée sans cesse sur sa féminité, qu'elle est jalouse des autres femmes et qu'elle a besoin du regard de son amoureux sur elle, et rien que sur elle, pour être rassurée.

Les femmes sont souvent à nouveau déçues par un homme qui ne les comprend jamais assez, qui ne leur apporte pas ce qu'elles attendent.

## *Comme avec sa mère*

Les femmes ont établi un premier type de relation avec leur mère. Cette relation primordiale s'inscrit dans l'inconscient comme une relation « normale ». Même si cette relation était source de souffrance, la fille a appris à la supporter en la teintant d'affect. Quand elle était critiquée, culpabilisée, c'était par « amour » et sûrement justifié. Comment en vouloir à la personne dont on a un besoin vital ?

Plus tard elle recherchera inconsciemment un mode de relation avec son nouvel objet d'amour, identique à celui noué avec sa mère. « Que nous soyons homme ou femme, nous épousons souvent en premières noces un être qui possède la personnalité de notre mère. Si votre mère n'était pas quelqu'un de bien, vos ennuis ne sont pas prêts de finir[3] », dit le Dr Robertiello.

« Beaucoup de femmes qui ont choisi leur mari selon le prototype paternel répètent sur lui dans le mariage leur mauvaise relation avec leur mère. Le mari devait hériter de la relation au père et il hérite en réalité de la relation à la mère[4] », écrit Freud.

On rencontre très souvent des femmes qui, pour fuir au plus tôt le foyer maternel, épousent un homme avec qui elles nouent exactement le même type de relation qu'avec leur mère. Parfois, c'est la peur de déplaire qui prédomine, elles veulent à tout prix le satisfaire, et font passer leur désir après celui de l'autre. Alors, elles « encaissent » les frustrations, elles savent très bien faire jusqu'au jour où elles se réveillent, totalement insatisfaites, et inconscientes du fait que c'est par leur comportement qu'elles en sont arrivées là.

Elles n'ont jamais appris à construire une relation adulte avec leur partenaire, d'égal à égal, ne sachant pas ce qu'elles attendent « raisonnablement » de la relation, et n'osant le demander.

C'est ainsi que l'on voit des femmes attirées, irrésistiblement, par des hommes qui les maltraitent, et prennent le relais de la figure maternelle maltraitante. Les hommes gentils, spontanément bienveillants, leur paraissent insignifiants. Freud nommait cela la compulsion de répétition.

On peut essayer de l'expliquer, en partie, par le refus de renoncer à la toute-puissance infantile. Enfant, la petite fille croyait, et c'était vital pour elle, qu'elle allait pouvoir changer la mère qui la faisait souffrir en une mère bienveillante. Elle s'évertuait à y croire et faisait en sorte que cela arrive. Elle a essuyé un échec. Mais le *fantasme de réparation* est toujours là. Et si elle pouvait enfin y arriver, avec cet homme qui la frustre ? Ce serait une façon de réussir là où elle a échoué par le passé. Elle refuse d'admettre que sa mère qui la faisait souffrir était incapable de l'aimer, tout comme cet homme qui l'attire tant, et qui la rend si malheureuse. Non, tout est de sa faute, si elle souffre, c'est de sa faute. Elle pense cela depuis toujours. Alors que si elle acceptait l'idée que sa mère était une « mauvaise » mère, incapable de bienveillance à son égard, elle pourrait se tourner vers un homme qui lui fait du bien, qui l'accepte telle qu'elle est. La réparation est là : on apprend, on découvre que l'on peut être aimé, on découvre un mode de relation affective faite de respect, de bienveillance, d'intérêt pour le bien-être de l'autre.

> Barbara, 30 ans, est célibataire. Elle a des relations affectives avec des hommes qui ne la satisfont pas. La dernière relation n'a été qu'une succession d'insatisfactions. Elle a été attirée par cet homme ténébreux, mal dans sa peau, mystérieux. Elle a toujours attendu qu'il l'aime, qu'il s'intéresse à elle, mais cela n'est jamais arrivé. Son compagnon la dénigrait sans cesse, la dévalorisait.
>
> Et c'est bien ça qui l'attachait à lui : il ne l'aimait pas, et elle pensait que c'était normal, mais elle pensait qu'à force d'essayer de l'aider pour se sortir de ses difficultés, il allait enfin l'aimer. Barbara ne peut pas imaginer qu'on puisse l'aimer simplement pour ce qu'elle est. D'ailleurs, elle l'avoue elle-même. Elle n'est pas attirée par les hommes bienveillants qui s'intéressent à elle. Elle reproduit, sans le savoir, sa relation insatisfaisante à sa mère. Sa mère ne l'aimait pas pour ce qu'elle était, mais attendait qu'elle s'occupe d'elle. Barbara ne peut imaginer qu'on s'intéresse à elle sans qu'elle soit indispensable, utile. L'amour pour elle ne peut être obtenu gratuitement, elle ne le mérite que si elle sert à quelque chose.
>
> Mais son amant, tout comme sa mère, ne l'aimera jamais pour ce qu'elle est. C'est ce qu'elle commence à comprendre, quand elle prend conscience de la répétition. Elle comprend que ses attirances affectives ne peuvent pas lui apporter de satisfactions ; ce n'est qu'en cherchant ailleurs, qu'elle pourra comprendre ce que le véritable amour peut apporter de structurant. Barbara a toujours cru qu'elle avait reçu un amour parfait de sa mère. Cet amour était teint de reproches, de culpabilité, de jalousie. Mais

elle n'en avait pas conscience, ne voulait pas le voir. C'est quand elle a commencé à comprendre le caractère particulier de l'« affection » que sa mère était capable de lui donner, qu'elle a commencé à ne plus rechercher ce même type de relation insatisfaisante avec les hommes.

Martine, dont on a déjà parlé, vient de divorcer. Se sentant perdue et totalement déprimée, elle décide de consulter.
Depuis son divorce, elle a eu quelques relations sans lendemain, puis a noué une relation avec un homme marié. Cette relation dure depuis plus d'un an. Elle sait que cet homme ne quittera jamais sa femme (il est très clair sur ce point), d'ailleurs elle ne le voit qu'en cachette. Ils ont, durant de courts moments, des relations sexuelles, qu'elle décrit insatisfaisantes, où elle n'éprouve aucun plaisir.
Au cours des premiers entretiens, elle dit souffrir, ne pas se satisfaire de cette relation affective intermittente, et sans espoir. Progressivement, elle avoue n'avoir que très peu de points communs avec cet homme, aucuns échanges intellectuels ou culturels, si importants pour elle. Il est pour elle gentil, prévenant. Elle comprend mal pourquoi elle s'accroche à cet homme qui ne la rend pas heureuse. Ce qui l'attire et la retient chez cet homme est la frustration qu'il lui inflige, et le fantasme qu'il puisse un jour quitter sa femme pour elle. « Je crois que s'il était disponible, il m'intéresserait beaucoup moins ; je vis dans l'espoir qu'il m'aimera un jour suffisamment pour quitter sa femme. »
Martine revit une relation affective frustrante, comme celle qu'elle entretenait avec sa mère, avec le fantasme qu'un jour cette « mauvaise » mère deviendra une « bonne » mère.

## Comme sa mère

Le mode de relation entre le père et la mère représente le premier exemple de couple pour l'enfant. Ce dernier l'introjecte, c'est-à-dire l'imprime en lui comme « normal ».

Souvent, l'enfant ne se pose pas la question de l'amour : il est évident que ses parents s'aiment, même si les comportements parentaux démontrent le contraire. Mais l'enfant croit ce qu'on lui dit, croit ce qui l'arrange. Les parents s'aiment puisqu'ils sont ensemble, les parents l'aiment puisqu'il est leur enfant.

Les subtilités des relations parentales lui échappent. Plus tard, il comprendra que la relation était plus complexe, mais les premières impressions sont gravées dans l'inconscient.

Une mère dénigre en permanence son mari. La fille se rend compte de l'anormalité de la situation, mais elle reproduit ce comportement avec son mari. Une autre mère surveille en permanence son mari et ne lui fait aucune confiance ; la fille soupçonnera, malgré elle, les faits et gestes de son mari.

Toutes ces relations se structurent autour de l'image de la mère. Les femmes calquent leur comportement avec les hommes sur le modèle qu'elles ont observé. L'identité de sexe, le lien symbiotique à la mère poussent la fille à s'identifier à sa mère, à la prendre comme modèle.

Si durant la période de l'adolescence jusqu'au mariage, la fille s'est sentie plus libre d'être elle-même, le mariage et surtout l'arrivée des enfants la rapprochent encore de sa mère. Elle devient comme elle ; elle sait comment se comportait sa mère en tant qu'épouse et en tant que mère. Elle veut parfois s'opposer à ce modèle, ne surtout pas lui ressembler. Mais c'est plus fort qu'elle. Elle se voit agir comme sa mère et cela la met très en colère. Cette colère contre elle-même n'est-elle pas encore une fois une colère déplacée, un moyen de ne pas en vouloir à la mère, de la protéger, de la garder « parfaite » ? Le prix pour garder l'illusion d'une mère idéale est élevé.

Fabienne est mariée depuis une dizaine d'années. Elle passe son temps à faire des reproches à son mari, qui n'est pas assez attentif, qui se permet d'avoir une vie en dehors d'elle, qui ne se comporte jamais comme il faut. Elle est très agressive, en colère, s'emporte avec véhémence.

Quand elle décrit son mari, on entend un homme doux, attentif, qui l'aime, et qui ne comprend pas pourquoi sa femme s'acharne sur lui sans cesse. Il réduit au maximum ses activités à l'extérieur pour satisfaire sa femme, essaie de lui faire plaisir, mais en vain.

Fabienne n'est jamais satisfaite, persuadée que son mari ne l'aime pas. Et c'est là le nœud du problème. De cette conviction découle son comportement coléreux et agressif.

Fabienne a eu une mère violente, qui a toujours été insupportable avec son mari, lui reprochant tout et n'importe quoi.

Elle se rend compte qu'elle se comporte comme sa mère et cette prise de conscience la pétrifie. Sa mère n'était pas non plus capable de lui apporter de l'affection, mais cela, elle a plus de mal à l'appréhender, à l'accepter. Cette carence affective la mène à croire qu'elle ne peut pas être aimée, que son mari ne l'aime pas. Elle répète les comportements maternels, façon pour elle de se rendre insupportable et de justifier d'être rejetée.

Quand Fabienne comprend l'origine de ses colères, qui étaient d'abord destinées contre sa mère qui l'a fait souffrir, elle parvient petit à petit à se rendre compte du comportement affectueux de son mari. Sa colère ne l'aveugle plus. Elle comprend la répétition qui la tient et la dirige.

## *La relation affective qui répare*

Lorsqu'on a vécu dans son enfance une relation affective complexe, où l'amour était donné avec parcimonie, parfois pas du tout, on a intégré comme « normal » ce type de relation, on risque, par la suite, de rechercher cette même relation destructrice.

Comme le souligne Boris Cyrulnik, avec le concept de résilience, la vie peut apporter une seconde chance. La rencontre avec un autre capable d'apporter un amour bienveillant, valorisant, à l'écoute peut être réparatrice. L'adulte blessé apprend que l'amour existe, sous une forme bienfaisante, et s'éloigne de la confusion entre amour et souffrance dans laquelle il était enfermé.

« Chaque rencontre est un virage […]. Le conjoint vient nettement en tête des rencontres heureuses. L'étayage affectif, le sentiment de stabilité autorise enfin des projets de construction de soi[5]. » « La sécurité du couple permet d'apprendre un attachement sécure auparavant mal acquis, ce qui explique la possibilité de résilience que donne l'amour[6]. »

> Anna essaie de réussir tout ce qu'elle entreprend. Bonne élève, enfant, elle a maintenant de bons résultats universitaires. Pourtant elle ne se réjouit que superficiellement de ses réussites. Elle manque de confiance en elle et ne s'estime pas. Elle cherche à plaire, en étant séduisante, en réussissant, mais elle n'arrive pas à se plaire à elle-même. Elle est d'ailleurs convaincue qu'« on n'aime l'autre que pour soi, pour être valorisé », uniquement dans un but narcissique. Alors Anna cherche à être ce qui peut valoriser l'autre, mais elle ne se sent jamais aimée.
>
> Quand elle tient ce discours, Anna avoue inconsciemment le type de relation qui la liait à sa mère. Sa mère était dépressive et attendait de sa fille des soins, de l'attention. Mais elle était très peu capable de l'aimer pour elle-même, sa principale préoccupation était d'être aimée de sa fille. Et Anna pense que l'amour n'existe pas, que l'on ne cherche dans l'autre que ce que l'on veut pour soi. Anna ne s'aime pas, parce qu'elle n'a jamais reçu l'amour qui structure, qui donne confiance en soi.

C'est dans cette disposition d'esprit qu'elle rencontre son compagnon. Il est séduit par cette jeune fille qui fait tout pour l'être. Elle est séduite aussi et une relation entre eux s'installe. Anna pense qu'il ne l'aime que pour le personnage qu'elle s'est fabriqué. Pourtant elle apprend petit à petit à comprendre que son compagnon l'aime d'une autre façon. Il est bienveillant, il veut l'encourager, il l'estime pour ce qu'elle est, il la comprend. Elle découvre qu'elle peut être aimée pour elle, parce que son compagnon l'estime, a une véritable admiration pour elle, mais il n'attend rien d'elle, sa propre existence ne dépend pas d'elle. Elle n'a pas besoin de le soutenir pour qu'il l'aime. Il lui suffit de rester elle-même. Elle découvre que cette façon d'aimer est saine, et elle ressent de la gratitude pour celui qui lui a fait découvrir l'amour qui donne confiance, qui structure. Elle se rend d'autant mieux compte du caractère pathologique de la relation à sa mère, où elle n'y avait toujours vu que de l'amour, seule forme d'« amour » qu'elle connaissait jusque-là.

En consultation, certaines patientes racontent leur enfance très difficile. Leur mère pouvait être rejetante, incapable de s'occuper d'elles de façon adaptée. Elles évoquent une enfance douloureuse, où la maltraitance est manifeste, le manque d'amour évident. Et pourtant, on ressent d'emblée, chez ces personnes, une véritable capacité à aimer, une bienveillance certaine dans leur comportement. Ces personnes savent reconnaître les qualités de leur entourage et sont très reconnaissantes de l'écoute qu'on leur apporte.

Ce paradoxe interroge. Comment ces patientes ont-elles pu acquérir cette capacité d'aimer, cette bonté, alors qu'elles n'ont rien reçu de tel dans leur enfance ?

On retrouve toujours, après une analyse plus poussée de leur enfance, un adulte bienveillant qui a énormément compté. Elles en parlent avec une inépuisable reconnaissance, le regard brillant de gratitude. Elles ont su investir ce qu'il y avait de bon en cet adulte réparateur, elles ont su y puiser l'amour qui leur manquait et l'identification à cet adulte « bon ». Ces patientes ont une capacité de gratitude très développée, elles ne sont pas hostiles. Elles savent se nourrir et profiter de toutes les personnes bienveillantes qu'elles rencontrent. Pourtant, un malaise diffus les incite à consulter, mais elles savent utiliser la thérapie en leur faveur, en y puisant du bien-être, un soutien qui leur permet très vite d'aller mieux. C'est une capacité formidable que d'avoir pu être réparées comme elles l'ont été. C'est cette capacité de recevoir tout ce qui est bon pour elles, et de s'en servir pour se structurer et prendre confiance en elles qui les rend plus fortes, plus stables.

> Pétra vient consulter car elle ne sait plus comment s'y prendre avec sa petite fille qui la tyrannise.
> Elle évoque une enfance douloureuse, avec deux parents méprisants à son égard, qui jouissaient de sa faiblesse, et la ridiculisaient à loisir. Elle était fille unique, et on peut dire le souffre-douleur de ses parents. Elle donne énormément de détails de la maltraitance subie qui persiste encore aujourd'hui. Quand elle vient consulter, elle voit encore ses parents, mais souffre de cette relation qui ne lui apporte rien, hormis des humiliations. Ses parents la critiquent sans cesse, critiquent son mari, sa fille de manière systématique et injustifiée. Ils ont des propos très violents, comme : « On regrette de t'avoir eue, tu es mauvaise, on préférerait que tu n'existes pas. » Elle mesure l'ignominie de tels propos et sait que ses parents ne l'aiment pas. D'ailleurs, cela fait très longtemps qu'elle en a conscience, depuis l'enfance.
> Pourtant cette femme dégage une douceur, une bienveillance étonnante. Il n'y a pas d'hostilité en elle, elle n'arrive simplement pas à comprendre pourquoi elle a eu de tels parents. Elle évoque sa grand-mère, chez qui elle allait à toutes les vacances scolaires. Son regard s'emplit de bonté et de gratitude quand elle parle de

cette femme si gentille, douce, attentionnée. Sa reconnaissance se mêle à son admiration. Quand elle évoque cette grand-mère, décédée alors qu'elle était adolescente, on comprend le bien qu'elle lui a fait, l'amour qu'elle a reçu, et son identification à elle. En tant que mère, c'est cette référence qui lui donne sa capacité d'aimer vraiment sa fille.

Pourtant son passé de petite fille en souffrance la rattrape parfois. Les difficultés avec sa fille en sont un exemple. Cette petite fille a été très critiquée par les parents de Pétra, dès sa naissance. Cela a été très difficile pour elle, car elle revivait ce qu'elle avait vécu enfant. Elle avait pourtant rêvé que ses parents pourraient peut-être accepter sa fille, à défaut de l'avoir accepté elle. Elle aurait aimé se faire aimer d'eux, enfin, par l'intermédiaire de sa fille. Ce qui n'a pas eu lieu. Et ses rapports avec sa petite fille se sont installés dans l'ambivalence des sentiments liée à cette situation. La petite fille est devenue difficile, Pétra l'interprétait comme un rejet. Sa fille était capable de la faire souffrir, de ne pas l'aimer, c'est ce qu'elle croyait.

En peu de temps, elle a pris conscience de ce qu'elle répétait, à savoir l'impression de ne pas être aimée de sa fille comme elle n'avait pas été aimée de ses parents. Quand elle a compris que sa fille avait besoin d'elle, de son attention, et qu'il ne fallait pas qu'elle interprète sa désobéissance comme du rejet, mais plutôt comme une souffrance, elle a pu changer son comportement avec elle, lui donner de l'amour, tout en lui faisant comprendre avec douceur qu'elle ne pouvait pas tolérer ses caprices et ses colères. Les relations entre elles se sont vite améliorées.

Josie, 25 ans, est mère d'un petit garçon. Elle consulte car ses moments d'angoisse diffuse lui font perdre confiance en elle, et l'amènent à ne plus pouvoir se supporter. Elle se sent désemparée et ne sait plus comment gérer cela. Elle s'en veut de faire vivre ces moments à son mari et à son fils.

Elle décrit une enfance douloureuse, une mère « folle », qui se mettait dans des colères furieuses, sans qu'elle ait jamais compris pourquoi. Cela pouvait arriver sans raison, à n'importe quel moment. Sa mère n'était pas affectueuse avec elle, imaginait que sa fille avait de mauvais sentiments, l'accusait de tout un tas de choses. Ses deux sœurs subissaient le même traitement. Le père était plutôt bienveillant, mais très craintif par rapport à sa femme, qui le maltraitait tout autant. Elle a vite compris qu'elle ne pouvait pas compter sur lui, car il ne la soutenait pas face aux injustices maternelles.

Josie dégage aujourd'hui une impression de douceur, de bonté, et d'équilibre. Elle évoque assez vite la présence de sa tante dans son enfance, avec émotion et gratitude pour tout l'amour qu'elle a reçu d'elle. Sa tante la comprenait, la soutenait, l'aimait. Elle se réfugiait chez elle dès qu'elle le pouvait. Elle sait que sa tante lui a fait énormément de bien. Elle a pris conscience, dès son enfance, du caractère pathologique de sa mère, et s'en est détachée.

Aujourd'hui, elle construit une relation épanouissante avec son mari, qui l'aime et l'entoure. Elle en éprouve de la reconnaissance. Mais ses anciennes souffrances reprennent le dessus ; parfois, elle se sent seule, incomprise, incapable de s'aimer. Submergée par ces moments douloureux, elle se sent perdue. Le soutien psychothérapique lui permet de se sentir comprise, soutenue, et lui redonne confiance en elle.

Ce qu'on remarque dans ces observations, c'est la prise de conscience très tôt chez l'enfant du comportement « anormal » de la mère, qui apparaît comme méchante, distante, inadaptée.

Pétra s'est très vite imaginé que ses parents n'étaient pas ses vrais parents, moyen de reconnaître le manque d'amour reçu, et de l'expliquer par une raison extérieure à elle.

Josie a très tôt pris conscience du fait que sa mère était bizarre, incapable de tendresse, trop « folle » pour lui donner des soins appropriés et cohérents.

Ces filles semblent alors prendre leurs distances avec leur mère, et cette distance précoce leur permet de se tourner vers les autres, et de rechercher ce qui est bon pour elles.

Cette prise de conscience aussi tôt est étonnante, comme si l'idéalisation ne jouait pas son rôle habituel. L'enfant comprend qu'il ne peut rien attendre de bon de sa mère, et qu'en se tournant vers l'extérieur, l'autre peut lui apporter l'indispensable, l'affection, l'attention.

C'est d'une certaine façon la séparation précoce d'avec la mère, la compréhension qu'elle n'est pas une « bonne » mère, que quoi qu'il fasse, elle ne pourra jamais lui apporter ce dont il a besoin, qui lui permet de se construire en dehors d'elle et d'aller puiser ailleurs ce qu'il ne trouve pas à la maison. S'il le trouve, il aura une capacité plus tard bien développée d'aller vers les autres, et d'y rechercher l'affection, en étant capable de gratitude.

## L'empreinte sur la sexualité

La sexualité est une étape capitale de l'indépendance qui permet à la fille de mettre une distance dans son intimité avec sa mère. Elle va découvrir un monde insoupçonné, des sensations très intenses, complexes, mais cela, elle le découvrira seule ! Elle sait qu'il ne peut pas en être autrement. L'aventure lui appartient, elle va faire ses expériences.

Il est important que la sexualité soit un domaine où la fille apprend à se sentir autonome, décide seule de ce qu'elle veut et ne veut pas, sans en référer à sa mère. Si la mère intervient, il y a encore confusion mère fille, confusion désir de la mère avec celui de la fille.

« Le sexe, plus que toute autre chose, ne devrait rien à voir à faire avec la mère. [...] On ne peut pas être en même temps sexuelle et en relation symbiotique avec la mère[7] », dit le Dr Robertiello. Il faut que la fille arrive à faire ses choix sexuels, décide de mener sa sexualité en fonction de ses propres critères.

Le sexe est quelque chose que l'on doit assumer soi-même et placer sous sa propre responsabilité. Les femmes qui racontent à leur mère tous les détails de leur vie sexuelle ne respectent ni leur intimité ni la sienne. Elles se placent à nouveau sous son influence. Elles lui donnent le pouvoir de faire des commentaires, d'accorder ou de refuser son approbation, dans un domaine où la mère n'a absolument pas à intervenir.

*Tout ce qui a été dit à la maison sur la sexualité, les non-dits, le comportement « sexuel » des parents, les réactions maternelles quant à la sexualité de sa fille ; tout cela est inscrit, plus ou moins confusément, avec ses contradictions, dans le conscient et l'inconscient de la fille. Elle devra faire le tri parmi toutes ces informations, ces interdits, pour trouver sa propre voie. Elle pourra alors se sentir véritablement autonome, et séparée de ce qu'est et de ce que veut sa mère. Mais le chemin n'est pas facile...*

## La transmission transgénérationnelle de la sexualité féminine

S'il y a un domaine où les messages maternels sont contradictoires, c'est bien la sexualité. « La sexualité, c'est merveilleux », dit la mère, mais dès que la fille s'en approche, elle se fait traiter de fille facile. L'écoute des patientes en consultation démontre qu'aujourd'hui encore il existe un grand nombre de mères capables de tenir de tels propos. Les mêmes qui prônent la liberté sexuelle, l'accès à la jouissance. Mais quand il s'agit de leur fille, si celle-ci a des rapports sexuels, elle est dépravée, immorale, bref une « putain », c'est-à-dire une femme évoquant la sexualité et le plaisir, sans que l'affection intervienne. Par contre, les premiers rapports sexuels du fils sont presque encouragés. La mère sait qu'il a besoin de ces premières expériences sexuelles pour se construire. Elle ne se comporte pas du tout de la même façon avec sa fille. Pourquoi une mère qui voit sa fille entrer dans l'âge de la sexualité a-t-elle du mal à le supporter ?

> J'entends une patiente me dire, scandalisée, qu'elle vient d'apprendre que sa fille, qui vient d'avoir 18 ans, a couché avec un garçon. « Je l'ai traitée de putain », me dit-elle. « Pourquoi ? » tentai-je. « Mais, enfin, vous vous rendez compte, c'est beaucoup trop tôt ! » « Pourquoi ? » retentai-je. « Moi, je ne l'ai pas fait avant de me marier ! » dit la même femme qui deux séances de thérapie plus tôt se plaignait d'avoir été élevée de façon répressive sur le plan de la sexualité, et reprochait à sa mère de l'avoir empêchée de faire ses expériences sexuelles, et de l'avoir amenée à se marier avec le premier venu...

D'un côté, il y a le discours maternel sur la sexualité, et puis il y a ses réactions profondes, qui viennent de son éducation, héritière des générations féminines qui ont précédé : la sexualité féminine a longtemps été associée à la passivité, liée à la maternité, et dissociée de la notion de plaisir. La mère a eu du mal à se départir de ces schémas de pensée, qui ont pu influencer son approche de la sexualité. Elle, ou plus précisément son inconscient, transmet à sa fille un certain nombre d'interdits (avoir du désir, être active, rechercher le plaisir…), des pensées (une fille bien doit se faire désirer, être passive, attendre d'être choisie, ne doit pas multiplier les aventures, doit se réserver pour l'homme de sa vie…). S'étant interdit certaines choses, elle ne peut supporter que sa fille fasse ce qu'elle ne s'est pas autorisé à faire.

La fille entend un double discours. Alors que la société prône la libération des mœurs, elle perçoit les tabous maternels, les craintes, l'attitude ambivalente quant au plaisir ; elle comprend alors que la sexualité est compliquée.

Souvent, à la maison, le sujet est plutôt tabou. On ne lui en a pas beaucoup parlé. Elle sait vaguement comment son corps est constitué (au mieux on lui a parlé de son clitoris), mais en ce qui concerne l'acte sexuel, la notion de plaisir, rien n'est dit.

## La sexualité de la mère

Le rapport de la mère à sa propre sexualité se transmet à sa fille. Si elle est épanouie, responsable de sa sexualité, en accord avec ses désirs et ce qu'elle vit, sa fille comprend que la sexualité est saine, source de plaisir, d'épanouissement. Si, au contraire elle a réprimé toute sexualité, l'a réduite au minimum, sans y prendre de plaisir, sa fille aborde la sexualité attirée d'un côté par son élan vital et freinée de l'autre par les injonctions maternelles,

Les jeunes filles abordent souvent la sexualité de façon passive, en confondant sexualité et affect. On ne leur a pas appris à être responsables de leur sexualité. Elles attendent passivement du garçon qu'il leur donne du plaisir. Et si cela ne fonctionne pas, elles pensent qu'elles sont frigides. Elles ne savent pas comment leur corps fonctionne, comment elles doivent s'y prendre pour obtenir du plaisir. Elles attendent que leur partenaire les prenne en charge. Elles restent alors dépendantes de l'autre.

La sexualité et l'affect sont deux domaines bien distincts. Les garçons le savent bien. Si les deux aspects sont présents, cela peut être merveilleux, mais le sexe peut être passionnant sans l'amour. Pour savoir ce que l'on recherche, et ce qui fait du bien, il faut s'être débarrassée des interdits, des tabous maternels.

Parfois la sexualité de la mère est tellement réprimée, que la fille ne ressent plus rien.

Barbara a des relations sexuelles avec des garçons, mais ne ressent aucun plaisir. Elle a des relations parce qu'elle aime se sentir désirée, mais elle ne ressent pas de désir, pas de plaisir. Elle a essayé la masturbation mais en vain. Elle ne ressent rien.
Barbara est la seule fille d'un couple très conflictuel. Barbara a vécu avec des parents qui se disputaient sans cesse. Adolescente, elle couchait encore dans la chambre parentale ; elle était ainsi utilisée par sa mère pour éviter les relations sexuelles avec son mari : « On ne peut pas, il y a la petite ! » Pourtant, elle a assisté, angoissée, à des ébats de ses parents, sa mère n'arrivant pas à repousser pour la ixième fois son mari, avec le sentiment que sa mère vivait une expérience dégoûtante, dépravante. Le souvenir lui fait encore honte. Elle détestait son père d'avoir imposé cela à sa mère. Toute petite, elle a appris que la sexualité était mauvaise, et que son rôle était d'empêcher les rapports sexuels pour protéger sa mère. Aujourd'hui, elle ne ressent rien, elle est anesthésiée. Elle s'est empêché tout ressenti sexuel, imaginant que sa mère le subissait sans prendre aucun plaisir. Que ressentait-elle quand elle assistait aux rapports de ses parents ? De l'excitation, elle ne s'en souvient pas ; du dégoût, de la honte, assurément. Son ressenti sexuel de petite fille a disparu, elle est

devenue celle qui, pour satisfaire sa mère, devait empêcher cette sexualité si épouvantable, donc le plaisir. Et elle continue aujourd'hui à avoir un corps anesthésié, auquel son inconscient interdit tout plaisir.

## Le désir au féminin

### La femme désirable

La jeune fille cherche d'abord à se sentir désirable. Elle se place en position d'objet, qui attend d'être valorisée. Cette recherche est d'autant plus envahissante si elle ne s'est pas sentie « désirée », regardée dans son enfance par son père. Cette relation œdipienne au père qui lui a manqué l'empêche de connaître ses capacités de séduction, de croire en sa féminité.

Pour que le désir puisse poindre, il faut d'abord que la femme ait appris à « aimer » son corps, se sente féminine. Une femme qui ne supporte pas son image est incapable de croire que l'autre puisse la désirer, ce préalable bloque l'émergence de son désir. Une mère qui dénigre la féminité de sa fille ne lui fait pas prendre conscience de ses atouts féminins, lui fait croire que sa féminité n'a pas de valeur.

Avoir une image suffisamment bonne de soi, de sa féminité est essentiel pour que le désir puisse se profiler.

Héléna a 40 ans, elle consulte parce qu'elle est dépassée, toujours en colère, insatisfaite. Héléna ne s'occupe pas de son apparence, elle a une présentation assez masculine, son comportement et son élocution sont assez brusques. Elle avoue ne pas s'aimer, être totalement insécure avec son image féminine. À 25 ans, un cancer de l'utérus lui a fait subir une ablation totale des ovaires et de l'utérus. Elle n'est plus réglée depuis lors. Cette ablation lui a été très difficile à vivre, depuis elle ne se sent plus « femme ». Elle vit avec son mari depuis vingt ans, et son fils de 18 ans. Sa sexualité a toujours été très compliquée. Elle ne se sent pas désirable, et avoue que cela handicape son envie de rapprochements sexuels avec son mari. Elle subit les relations sexuelles, et a beaucoup de mal à prendre du plaisir. Pourtant sa relation avec celui-ci paraît être structurante, elle a beaucoup d'admiration pour lui, et il semble être très attentif et aimant. S'il n'était pas demandeur, elle n'aurait vraisemblablement plus de rapports sexuels avec lui. Elle reconnaît cependant que si son mari ne la désirait plus, elle s'en mortifierait !

Héléna a eu une mère très distante, mal aimante. Elle se sentait aimée par son père, qui s'intéressait plus à elle. Elle parle de sa mère comme d'une femme très belle, qui l'impressionnait beaucoup. Enfant, puis adolescente, elle a dû prendre des traitements par cortisone qui l'ont fait grossir et perdre ses formes féminines. Elle se trouve laide, en comparaison de sa mère, dans le regard de sa mère. Son père aimait partager avec elle des activités plutôt masculines, le bricolage, porter des charges lourdes... Elle a appris à se sentir aimée de son père pour ses caractéristiques masculines ! Avec tous ses antécédents, Héléna ne sait pas pourquoi elle ne s'aime pas en tant que femme ! L'ablation de ses organes génitaux est venue parfaire son incapacité à se sentir femme. Pourtant Héléna a des traits fins, un joli visage. « Je ressemble à ma mère, mais en moche. » Elle a désinvesti ce corps de femme et porte des vêtements sans forme. Après quelques mois de thérapie, les prises de conscience l'amènent à faire plus attention à son apparence, elle comprend pourquoi elle ne s'accepte pas en tant que femme et apprend à se regarder autrement. Son mari l'aide beaucoup, il l'aime, et l'encourage dans tout ce qu'elle entreprend. Elle commence à pouvoir accepter l'idée que son mari puisse la trouver attirante, elle peut enfin commencer à s'autoriser à prendre du plaisir.

### La femme désirante

Le désir sexuel met la jeune fille en position de sujet, qui recherche le plaisir et les manières de l'obtenir. Le désir sexuel est actif, ce qui s'accorde mal avec la passivité féminine.

La recherche du plaisir peut être compliquée chez certaines femmes. Elles ne savent pas penser à elles, n'osent pas rechercher ce qu'elles désirent, ne sont pas capables de rechercher du plaisir dans l'acte sexuel. Ces femmes ont enfoui, en raison de leur enfance, leurs désirs, leurs envies.

Mais la recherche du plaisir sexuel est souvent chez la femme, en lui-même, source de difficultés. Jessica Benjamin[8], dans *Les Liens d'amour*, insiste sur le fait que la mère apparaît comme asexuelle à sa fille, cette identification compromet alors son édification de femme en tant qu'être sujet, sexuel. Elle développe l'hypothèse de l'importance de l'*identification au père* dans les capacités futures de désir de la fille. Le père représente ce qui est extérieur, différent de la mère, il est « la voie d'accès au monde ». Il « devient alors la figure symbolique, représentant le Je qui "possède" le désir[9] ». L'identification est au centre de la capacité future de la fille à se vivre comme sujet désirant. « Pour les femmes, dit-elle, c'est "le père manquant" qui est la clé de leur absence de désir[10] », mais l'absence de la mère sexuelle est déterminante.

Si une mère est conçue comme sujet sur le plan sexuel, qui sait exprimer son désir, elle permet alors à la fille de se vivre comme une femme désirante.

Le désir féminin peut se réfléchir en tant que désir personnel, pulsion qui tend à obtenir du plaisir. Il est vrai que pour se le permettre, il faut se vivre comme sujet désirant, et c'est là où *l'identification (à la mère ou au père), les interdits du surmoi* interviennent.

## S'autoriser le plaisir

La capacité à prendre du plaisir, la capacité à se laisser aller face au désir de l'homme peuvent dépendre en partie de la relation ancienne à la mère.

Pour prendre du plaisir, il faut se l'autoriser, c'est-à-dire que le surmoi, l'instance qui régente ce qui est permis ou ne l'est pas, intervient pour donner sa permission au plaisir ou pas. Le surmoi intériorisé peut être, entre autres, la mère. La mère qui ne prenait pas de plaisir elle-même, ou qui ne supportait pas l'idée que sa fille puisse en prendre, ou qui avait un rapport malsain à la sexualité, transmet à sa fille des interdits, des notions contradictoires, qui ne lui permettent pas de jouir sereinement de la sexualité.

> Josie, dont on a déjà parlé, ne comprend pas ses difficultés à trouver le plaisir. Son mari est très doux, attentionné lors de leurs relations sexuelles. Elle est parfois très épanouie, et prend du plaisir. Parfois, elle se bloque, et plus rien ne se passe. Elle a tendance à écarter de sa vie la sexualité, n'en a plus envie, et cela la soucie pour son mari, qui se plaint du manque.
> La mère de Josie avait un rapport à la sexualité compliqué. Elle a toujours soupçonné sa fille des pires choses, la traitait de tous les noms dès qu'elle fréquentait un garçon. Pour elle, la sexualité de sa fille était dégradante et insupportable. Elle a véhiculé l'idée que la sexualité et le plaisir étaient quelque chose de mal, de répréhensible.
> Mais la mère avait elle-même une activité sexuelle, mais en dehors du couple parental. Elle faisait venir ses amants à la maison, et couchait avec eux. Josie se souvient des cris de plaisir de sa mère. Josie se mortifiait devant ce plaisir, qui était associé au

mal qu'elle faisait à son père en le trompant ainsi. Plaisir et douleur, plaisir et trahison de l'autre ont été associés dans son esprit. Quand maintenant elle est sur le point de prendre du plaisir, l'image de sa mère l'arrête instantanément. Elle pense qu'elle se comporte mal, qu'elle fait quelque chose de laid.

Le discours de sa mère sur le plaisir, son comportement conduisent Josie à s'interdire le plaisir. C'est en comprenant cela, qu'elle peut se réapproprier sa sexualité, en dehors de l'image maternelle, qu'elle peut de nouveau jouir de sa sexualité et oser désirer son mari.

## Face au désir de l'autre

Certaines femmes n'obtiennent pas de plaisir, elles se bloquent, n'arrivent pas à lâcher prise.

Dans la plupart des cas, elles parviennent au plaisir par elles-mêmes. Mais lorsque le désir de l'autre intervient, cela se complique. Si le désir de l'autre implique le refoulement de son propre désir, alors quand le désir de l'amant se fait trop intense, l'inconscient féminin se sent submergé, il ne veut plus, il se sent en danger et refuse tout. Revenons à ce qui se passait dans l'enfance : la petite fille qui refuse d'adhérer au désir maternel, en ce qui concerne la nourriture par exemple, va refuser d'être nourrie, ne va même plus ressentir la sensation de faim. Le corps alors se bloque, face au désir de l'autre. C'est ce qui peut se passer plus tard, le corps se bloque, toute jouissance est impossible, à différents niveaux, là où il y a danger, danger de se perdre avec l'autre, danger d'être submergé par l'autre.

Une femme qui présente un problème de jouissance face à l'autre exprime le souvenir d'un danger éprouvé autrefois. Le désir de l'autre pouvait être aliénant, et la femme aujourd'hui refuse d'obtempérer. Elle préfère oublier sa jouissance, plutôt que de satisfaire la volonté de son partenaire.

## Indépendance et féminité

### Ce qui favorise l'indépendance

Être autonome, ne plus dépendre du jugement, de l'affection de la mère est indispensable pour se construire une personnalité indépendante et sûre de soi. L'enfance de la fille ne l'a pas toujours aidée pour s'autonomiser, apprendre à agir par elle-même sans dépendre des autres. Comme on l'a dit, l'opposition à la mère étant dangereuse, la prise de distance n'en a été que plus compliquée. Pourtant les femmes arrivent à se sortir de ces difficultés, et combien de femmes vivent une vie riche, et sans entraves.

Qu'est-ce qui aide une jeune fille à se séparer de sa mère, et à construire son individualité, prendre confiance en elle, connaître ce dont elle est capable ?

L'importance de la sexualité a été soulignée. La sexualité de la fille ne concerne qu'elle. Elle doit faire ses expériences, même si parfois elles sont douloureuses, et éviter de revenir en arrière, par sécurité.

« Même si une compulsion psychique vous oblige à vous jeter dans les bras de mauvais garçons qui vous détruisent, il vaut mieux passer dix fois par là que de fuir les hommes sous le prétexte qu'ils peuvent vous faire souffrir. De cette façon, vous pourrez au moins situer votre problème et voir comment vous pouvez le résoudre[11] », dit le Dr Robertiello.

Se sentir un être sexuel, avoir confiance dans ses atouts féminins, choisir des relations amoureuses non par sécurité et dépendance, des relations qui épanouissent et non qui enferment, avancer dans le but de connaître ses désirs et de les réaliser permet à la fille de se distancier de sa mère.

Pour cela, il faut dépasser ses peurs : peur de souffrir, peur d'être abandonnée, peur de ne pas y arriver. Peut-être vaut-il mieux vivre plusieurs échecs, qu'opter pour une position de retrait sécurisante.

Les bonnes expériences renforcent notre capacité d'autonomie ; les mauvaises peuvent faire souffrir, mais elles nous apprennent que nous pouvons y survivre. L'indépendance diminue notre angoisse face à la vie. Plus nous prenons confiance en nous, plus nous savons que nous pouvons dépasser nos échecs. Nous ne sommes pas aux prises avec la peur qui détermine toutes nos actions. Nous n'avons pas besoin d'enfermer notre mari, par exemple, de peur de le perdre. Nous comprenons qu'en respectant sa liberté, c'est la meilleure façon d'établir une relation harmonieuse avec lui.

## *Féminité et réussite*

Féminité et dépendance ont longtemps été intimement liées. Les femmes maintenant s'assument, peuvent avoir des ambitions personnelles, avoir envie de se réaliser sur le plan professionnel. Pourtant certaines femmes freinent leurs ambitions, font de belles études mais ne les mettent pas à profit. À compétences égales, les femmes s'arrêtent là où les hommes vont tout faire pour évoluer.

Colette Dowling, dans *Le Complexe de Cendrillon*, parle de la « peur du succès » de certaines femmes, et s'appuie sur des études pour l'expliquer. Les femmes ne semblent pas rechercher la réussite comme le font les hommes. Elles s'en protègent. Elles ont tendance à se crisper à la seule idée de se mettre en avant. Elles rattachent cette peur à celle d'« être socialement rejetées, ou de perdre leur qualité de flirt éventuel ou de candidates au mariage, et celle de se retrouver isolées, seules et malheureuses du fait de cette réussite[12] ».

Certaines femmes pensent que leur réussite professionnelle peut compromettre leurs rapports avec les hommes. Elles ont du mal à concilier le fait de pouvoir être féminine, maternelle, et ambitieuse. Elles pensent inconsciemment que leur réussite risque de leur faire perdre l'amour des autres : de la mère d'abord, comme on l'a dit plus haut, puis des hommes. Elles préfèrent mettre en veilleuse leurs ambitions. C. Dowling nomme cette contradiction entre le désir de s'accomplir et le désir de plaire aux hommes « la panique des genres ».

En 1934, Karen Horney décrivait le conflit qui existe chez la femme entre son désir d'être féminine et son désir de s'épanouir dans d'autres domaines. « Les femmes qui, aujourd'hui, obéissent à l'impulsion de développer leurs capacités, sont capables de le faire seulement au prix d'un combat contre l'opposition extérieure et contre des résistances qui ont été créées en elles par l'intensification de l'idéal traditionnel de la fonction exclusivement sexuelle de la femme. Ce n'est pas aller trop loin que d'affirmer que ce conflit existe aujourd'hui pour chaque femme qui se risque dans une carrière pour son propre compte et qui en même temps n'est pas disposée à payer sa propre audace du prix de sa féminité[13]. » Les femmes qui entreprennent une carrière, qui poursuivent des intérêts particuliers ou qui aspirent à un développement indépendant de leur personnalité, peuvent se retrouver en conflit avec leur « idéal » de féminité, où la dépendance à l'homme n'est jamais très loin. On pourrait penser que cela n'est plus d'actualité, qu'avec l'évolution des mentalités... mais les vieux schémas ont la vie dure. Les observations actuelles attestent de la persistance de ce conflit.

« Il est demandé à la femme pour accomplir sa féminité de se faire objet et proie, c'est-à-dire de renoncer à ses revendications de sujet souverain. C'est ce conflit qui caractérise singulièrement la situation de la femme affranchie[14] », écrit Simone de Beauvoir. Ce qui revient à dire qu'une femme qui veut s'accomplir, avoir une réussite sociale, s'éloigne de l'archétype de la féminité.

Ce conflit n'existe pas chez l'homme. « Le privilège que l'homme détient, c'est que sa vocation d'être humain ne contrarie pas sa destinée de mâle. [...] Il se trouve que ses réussites sociales ou spirituelles le douent d'un prestige viril. Il n'est pas divisé[15]. »

Les femmes qui concilient ambition professionnelle et féminité, sans anxiété excessive, sont aidées si elles ont eu une mère qui a su concilier harmonieusement ces deux composantes. Pour elles, il leur paraît naturel de rechercher l'épanouissement par le travail, tout en étant féminines et maternelles. Pour celles dont la mère n'a favorisé qu'une seule de ces caractéristiques, c'est plus compliqué. Qu'elles soient dans la répétition ou l'opposition à leur mère, elles se retrouvent confrontées à un modèle conflictuel.

Les femmes se plaignent d'avoir du mal à concilier vie familiale et professionnelle. Après une journée professionnelle bien remplie, elles s'occupent des enfants, des tâches ménagères. À ce rythme, certaines préfèrent ralentir leur carrière professionnelle, voire l'abandonner. Pourtant après avoir fait des études parfois très poussées, elles mettent un point final à leurs ambitions sans trop d'états d'âme. C. Dowling explique que ces femmes restent très investies dans leur rôle de femme au foyer, de mère. Malgré leurs croyances, elles ont parfois du mal à déléguer à leur compagnon, ou à une tierce personne, ce qui pour elles leur revient par nature. Elles se plaignent que leur compagnon ne les aide pas, ce qui est parfois vrai, mais elles ne font pas leur possible pour les inciter au partage des tâches. Inconsciemment, elles pensent que les tâches familiales leur reviennent, et se sentent vaguement coupables si elles y faillissent.

Il est vrai que les hommes, s'ils acceptent facilement l'idée que leur femme travaille, n'apprécient pas forcément qu'elle s'y investisse, soit ambitieuse, au détriment du fonctionnement familial. Ils apprécient les femmes indépendantes, mais aiment-ils qu'elles se débrouillent très bien toutes seules ? Souhaitent-ils vraiment que leur femme réussisse mieux qu'eux ? Dans son livre *L'Avenir du mariage*, Jessie Bernard écrit que l'agressivité, la pulsion et le désir de réussir – qualités indispensables pour accéder aux postes bien rémunérés – « sont précisément ce que les hommes ne veulent pas trouver chez leur femme[16] ». Les femmes se retrouvent encore une fois tiraillées entre leur désir d'avancer, et la peur de déplaire. Et si c'est la peur de déplaire qui l'emporte, c'est la dépendance à l'autre qui prime, et c'est l'épanouissement personnel qui est mis en jeu. Il faut savoir reconnaître les véritables peurs derrière le fait que certaines femmes s'arrêtent dans leur désir de réussir, alors qu'elles présentent de belles compétences. Est-ce par choix, ou par désir de se reposer sur l'autre, et de ne pas risquer en étant indépendante, de ne plus plaire à l'autre, mais aussi de devoir assumer la responsabilité de sa vie ?

Vouloir être indépendante, et en même temps être prise en charge, n'est-ce pas paradoxal ?

La dépendance a longtemps été associée à la féminité. L'homme devait protéger la femme qui ne pouvait s'assumer seule. Aujourd'hui la condition féminine a changé. Elle a acquis de haute lutte un statut qui se veut l'égal du statut masculin. Elle peut maintenant travailler, avoir son autonomie financière. Elle peut décider de sa vie affective, choisir son compagnon, décider de sa vie sexuelle. Les contraceptifs, l'avortement la libèrent des contraintes de la nature qui prédominaient jadis. Toutes ces libertés acquises sont une réalité. La société actuelle respecte le choix des femmes. L'épanouissement personnel est mis en avant.

Mais tous ces droits sont bien récents. On sait que la transmission féminine transgénérationnelle reste fondamentale. Elle transmet le conscient et l'inconscient. Et la dépendance, le besoin de protection, de sécurité appartiennent encore à l'inconscient féminin. Ce qui explique les contradictions, les comportements féminins ambivalents et paradoxaux et les difficultés à assumer une émancipation pourtant désirée et revendiquée.

Il nous faut créer nos propres critères de féminité, ne correspondant plus au passé de la femme, où féminité et dépendance étaient intimement liées. Pourquoi serait-il incompatible d'être féminine et compétitive, féminine et capable de se prendre en charge, féminine avec le désir et la recherche affirmés d'un accomplissement personnel, en dehors des enfants ? Si certains hommes craignent encore le pouvoir des femmes, et s'en défendent en les préférant hors compétition, il ne tient qu'à nous d'aller vers ceux qui ne conçoivent plus la femme comme menaçante, et qui applaudissent à son épanouissement. Si nous n'allons pas vers ces hommes-là, si nous renonçons à nous réaliser alors que notre mari nous laisse libres, alors nous devons nous interroger sur l'origine de nos interdits, de nos contradictions et nos blocages.

La relation à la mère et à son image doit interroger. Notre mère nous a-t-elle encouragée à l'indépendance ? A-t-elle valorisé notre féminité et notre ambition, était-elle féminine, ambitieuse et maternelle ?

L'image que la femme a d'elle-même doit pouvoir évoluer de sorte qu'elle se permette de s'épanouir dans les domaines de son choix. Elle saura faire évoluer l'image que l'homme, qui a montré son adaptation aux changements de comportement féminin, attend d'elle.

## De la dépendance à la construction d'une relation équilibrée

Une enfance trop longtemps fusionnelle empêche de construire sa personnalité. Des parents surprotecteurs peuvent conforter l'enfant dans son besoin de sécurité. L'enfant qui préfère la protection à l'aventure, qui est conforté et encouragé à cela, recherchera en tant qu'adulte l'être protecteur rassurant. C'est une particularité qui touche essentiellement les filles.

Les femmes recherchent la protection, aiment être prises en charge. Comme si elles ne voulaient pas lâcher leur position de petite fille, elles attendent de l'homme qu'il les sécurise, les rassure. Elles cherchent à répéter la relation à leur mère : en étant dépendantes, elles se sentent en sécurité, toujours reliées à un autre.

Ce sont des « nourrissons géants », expression employée par B. Cyrulnik pour désigner les individus qui recherchent un type de relation fusionnelle proche de la dépendance infantile. « La curieuse liberté des nourrissons géants[17] », c'est le paradoxe des femmes qui nouent une relation avec une personne qui les domine et les protège. Elles croient pouvoir trouver dans la sécurité, la liberté et l'indépendance. Nombreuses sont ces femmes qui, en consultation, avouent rechercher une relation affective qui les sécurise, qui leur enlève toute angoisse. Les hommes ne sont pas à la recherche de ce type de relation, ils n'attendent pas de leur femme une protection. Ce serait même plutôt l'inverse. Ils aiment bien se sentir protecteurs, chefs de famille. Les anciens schémas perdurent si on ne les modifie pas.

C'est donc bien aux femmes de savoir le type de relation qu'elles veulent établir avec leur compagnon. Elles ne peuvent pas se décharger de toute responsabilité angoissante, se reposer sur l'autre, et se sentir libres et autonomes. Si elles veulent être indépendantes, elles ne peuvent pas se comporter en petites filles fragiles et soumises.

Certaines femmes se sentent entravées dans leur mariage, ont l'impression de ne pas pouvoir se « réaliser », faire ce qu'elles ont envie, acquérir leur autonomie. Qui les en empêche ? Elles imputent leur insatisfaction à leur mari, qui la plupart du temps ne les empêche de rien. Ce sentiment de dépendance les amène à croire qu'elles ne peuvent faire ce qu'elles veulent, il les protège de l'angoisse d'assumer leur vie. Comme lorsqu'elles étaient petites filles. Elles continuent à vivre dans leur couple avec leurs propres barrières, et ne se sentent pas libres de leurs faits et gestes, de peur de déplaire à la personne dont elles dépendent.

Les femmes ont maintenant la liberté de construire une relation équilibrée avec leur compagnon. Elles peuvent rechercher une relation affective, lieu d'échanges, de partage, de soutien mutuel. Elles doivent pouvoir s'assumer et porter la responsabilité de leur vie, sans accuser l'autre de leur incapacité à trouver leur épanouissement.

> Dorothée se plaint de son compagnon. Elle m'explique dans les moindres détails tous les défauts qu'elle lui trouve. Elle n'est pas satisfaite de sa vie. Elle ne comprend pas pourquoi elle n'arrive pas à se prendre en main, pourquoi elle ne recherche pas les satisfactions par elle-même. Elle imagine même se séparer de son compagnon. « Peut-être qu'alors je trouverai le courage de changer, de faire ce qu'il faut pour être heureuse. » Elle se sent bloquée par sa relation pour acquérir son autonomie ; elle se polarise sur les défauts de l'autre pour ne pas voir sa propre responsabilité. Pourtant son ami lui laisse toute liberté, il

est bienveillant et la sécurise. Mais la sécurité n'est pas une bonne conseillère.

## La responsabilité, difficile à assumer

L'indépendance effraie, elle confronte aux responsabilités. Quand on est autonome, on est responsable de ses réussites comme de ses échecs. On ne peut accuser personne d'autre que soi. C'est cette responsabilité qu'il est parfois difficile d'assumer.

La société a rendu l'individu plus libre de ses faits et gestes. La religion, l'autorité d'un souverain ne sont plus là pour régenter et déterminer la vie. L'individu est placé face à ses responsabilités. Et parfois il a du mal à les assumer.

C'est ce que décrit Alain Ehrenberg pour expliquer la dépression de l'individu moderne. « La modernité démocratique – c'est sa grandeur – a progressivement fait de nous des hommes sans guide, nous a peu à peu placés dans la situation d'avoir à juger par nous-mêmes et à construire nos propres repères. Nous sommes devenus de purs individus, au sens où aucune loi morale ni aucune tradition ne nous indiquent *du dehors* qui nous devons être et comment nous devons nous conduire[18]. » « La dépression est la pathologie d'une société où la norme n'est plus fondée sur la culpabilité et la discipline mais sur la responsabilité et l'initiative[19]. » La femme, par peur d'assumer ses responsabilités, peut être tentée de se réfugier dans la dépendance. Elle accepte alors sa soumission pour éviter les tensions provoquées par une vie autonome faite de prises de risques.

Il est normal de rechercher une relation affective où l'on reçoit de l'amour, de l'attention, de l'intérêt, et d'être capable de la même chose en retour. Ce qui est propre à la dépendance affective, c'est que le sentiment de soi dépend de l'affection de l'autre, on adapte continuellement son comportement en fonction de ce que l'on croit que l'autre attend, c'est une incapacité à décider de sa vie et à en porter la responsabilité.

## Éloge de l'insécurité

Un milieu trop sécurisant masque l'anxiété de l'enfant et l'empêche de se confronter à la réalité insécure. « La pléthore affective abîme un développement aussi sûrement que la carence[20] », écrit Boris Cyrulnik. C'est ce que dit également M. Klein, quand elle explique le rôle positif des frustrations et des conflits qui amènent l'enfant à devoir les résoudre. « L'absence de conflit chez le jeune enfant l'empêcherait d'enrichir sa personnalité et le priverait d'un facteur important qui contribue à renforcer le moi[21]. »

Aider un enfant à grandir, c'est l'encourager à dépasser ses peurs et à trouver ses propres moyens de gérer ses angoisses, et non l'enfermer dans un monde artificiel sans danger. Un jour ou l'autre, il sera confronté au monde plein de risques, et il n'aura pas acquis les moyens de les affronter. « On élève la femme, sans jamais lui enseigner la nécessité d'assumer son existence ; elle se laisse volontiers aller à compter sur la protection, l'amour, le secours, la direction d'autrui[22] », écrit S. de Beauvoir. Cette éducation trop sécurisante ne prépare pas à l'indépendance, la fille n'apprend pas à dépasser ses peurs, elle préfère se reposer sur autrui, pensant qu'elle ne pourra pas se débrouiller seule.

> Susie a eu une mère surprotectrice. Celle-ci a toujours fait en sorte que ses deux filles ne prennent aucun risque, n'affrontent aucun danger. Elle ritualisait leur vie à l'extrême, tout était organisé, il n'y avait pas de place pour l'imprévu. Susie se rappelle avoir voulu faire ses propres expériences, mais sa mère les refusait, voulait garder sa fille près d'elle, en sécurité. Susie ne se

souvient pas d'avoir eu des angoisses dans son enfance, tout était organisé autour d'elle pour que ce sentiment n'existe pas. Elle n'avait pas le droit de s'aventurer en dehors de barrières infranchissables, et tout allait bien tant qu'elle restait dans ce périmètre de sécurité.

Susie est une grande anxieuse. Tout ce qui est imprévu, non organisé, inhabituel l'angoisse. Comme sa mère le faisait, elle ritualise sa vie. Son rapport à la nourriture est caricatural : elle ne peut manger que des produits qu'elle achète elle-même, toujours aux mêmes endroits, de la marque qu'elle connaît. Ainsi, elle ne peut aller ni au restaurant ni dîner chez des amis, situations tellement angoissantes à ses yeux qu'elle les évite.

Susie a été surprotégée, ne s'est pas confrontée à son anxiété en temps et en heure, n'a pas appris à la gérer seule. Aujourd'hui elle paie le prix de cette surprotection. Elle se prive de tout un tas de plaisirs par peur panique de ce qu'elle ne connaît pas.

## Devenir mère

### *Le désir d'enfant*

Freud a théorisé le complexe de castration de la fille, qui, selon lui, serait meurtrie de ne pas avoir de pénis, et adopterait alors trois attitudes différentes face à ce traumatisme[23] :

- l'absence d'envie de pénis et la cessation de toute vie sexuelle ;
- l'envie d'avoir un pénis, et le déni de sa castration, « l'insistance insolente sur sa masculinité », « le fantasme d'être malgré tout un homme » ;
- l'envie d'avoir des substituts de pénis, qui serait la réaction féminine normale. Le déplacement majeur s'effectuerait du pénis à l'enfant. « Elle renonce au

désir du pénis pour le remplacer par le désir d'un enfant. »

Certains psychanalystes, essentiellement des femmes[24], critiquent ces hypothèses depuis de nombreuses années. Selon cette théorie, l'enfant viendrait combler le manque provoqué par l'absence de pénis, on expliquerait ainsi l'universel désir des femmes à porter un enfant par la comparaison avec le garçon. Ces théories ont d'abord été élaborées par un homme, Freud, puis reprises par d'autres psychanalystes hommes. Freud raisonnait avec son vécu de garçon, pensant, à juste titre, que l'idée de la possible perte du pénis puisse être une angoisse majeure. Certes, cette angoisse mise à jour, il l'a appliquée au sexe féminin, qui n'a jamais été pourvu de ce fameux pénis, et il lui a semblé que, forcément – raisonnement de garçon – ce devait être très traumatisant de ne pas en avoir. Cette théorie repose sur le postulat de base que la femme a quelque chose en moins que l'homme, puisqu'elle n'a pas de pénis, que son sexe est défini par comparaison avec le sexe mâle. Pourquoi devrait-on définir l'un par rapport à l'autre ? Le sexe féminin est différent. Ces différences anatomiques sexuelles induisent des différences psychologiques, c'est évident, mais le sexe féminin peut se réfléchir par lui-même ; il est suffisamment riche pour cela, riche de plaisirs, tout autant que l'homme, riche de promesses, porteur d'enfant, expérience unique et fabuleuse, que certains hommes reconnaissent « jalouser » aux femmes. Il y a de quoi, non ? Pourtant on s'évertue à nous expliquer que l'homme n'a pas du tout envie de vivre cela – admettons, car pourquoi comparer ? –, mais la femme, elle, devrait se mortifier de ne pas avoir de pénis.

Bruno Bettelheim, psychanalyste homme, reconnaît : « Les publications psychanalytiques abondent de cas où des filles envient l'appareil sexuel du garçon ; l'"envie de pénis" chez la femme a été longtemps un concept très répandu. On admet moins volontiers que cette envie n'est pas à sens unique et que les garçons sont très jaloux de ce que possèdent les filles : les seins et la faculté de porter des enfants[25]. »

Selon Melanie Klein, l'envie de pénis pourrait plutôt s'entendre comme l'envie de pouvoir. C'est-à-dire qu'il existe bien une colère contre l'autre en raison de ce qu'il possède et dont on est dépourvu. Mais il s'agirait plutôt d'une colère contre le pouvoir que l'autre détient, et non du dépit de ne pas posséder de pénis. Le pénis représente le pouvoir détenu par la mère, puis par les hommes.

Ainsi, l'idée que l'enfant vient combler un manque peut être critiquable. L'accomplissement de la femme par l'enfant doit être remis en question.

« On a dit et répété que la femme trouve heureusement dans l'enfant un équivalent du pénis : c'est tout à fait inexact[26] », écrit S. de Beauvoir.

L'enfant ne peut combler l'insatisfaction maternelle, qui complique le développement sain de l'enfant et l'empêche d'utiliser ses capacités dans divers domaines, d'investir les relations à autrui. L'investissement exclusif de l'enfant à but narcissique le met à une place qui n'est pas la sienne et s'accompagne de désillusions et de ressentiments envers l'enfant.

Le désir d'enfant de la femme s'inscrit dans une logique qui remonte à l'enfance. Depuis qu'elle est toute petite, elle sait que son corps pourra porter un enfant, cela fait partie de son identité de femme. Et des preuves de sa féminité, elle en cherche ardemment, elle qui doute toujours d'elle-même. Elle vit depuis qu'elle est petite en imaginant le futur, ce futur qui lui donnera des preuves physiques de féminité (les seins, les formes féminines), où le désir d'un homme surgira, où il y aura possibilité d'avoir un enfant. Porter un enfant est d'une certaine façon l'ultime preuve de féminité. Elle est capable d'être tout ce que féminin veut dire, enfin.

Mais porter un enfant, c'est aussi égaler ce que la mère a pu être. La fille se retrouve à jeu égal avec la mère, elle va vivre toutes les sensations que sa mère jusque-là était seule à connaître. Ce peut être l'occasion d'un rapprochement de la fille avec sa mère. Elle peut se sentir moins en compétition, plus proche. Mais parfois c'est plus compliqué : la fille tient à son histoire, à cet enfant à elle, et la mère ne lâche pas ses anciennes habitudes. La fille peut avoir le sentiment d'être encore une fois « dominée », voire « dépossédée ». La mère veut encore avoir l'ascendant, elle sait tout mieux : mieux s'occuper de l'enfant, etc. La fille atteint l'insupportable : cet enfant, c'est l'ultime preuve qu'elle peut être une femme à part entière, c'est sa fierté à elle, et elle ne peut pas permettre à sa mère de lui voler ça, encore une fois, sous peine de désinvestir l'enfant, et de perdre toute estime d'elle-même. « Le désir de la mère pourrait encore vider la fille, la déposséder de cela aussi. [...] Il y a des retrouvailles impossibles avec des mères dévorantes et les filles le savent[27] », écrit C. Olivier.

## Le comportement de la jeune mère avec son enfant

Lorsque la fille devient mère, elle devient l'égale de la mère, elle tient à bien jouer son nouveau rôle, à sa façon. Mais, contrairement à ce qu'elle croyait, elle ne se sent pas totalement libre de se comporter comme elle le désire. Sa mère a été son modèle pendant ses premières années, et quand elle devient mère à son tour, cette identification première ressurgit. Elle croyait s'être séparée, être différente, et voilà qu'elle se voit se comporter comme sa mère, exactement ce qu'elle ne voulait pas être.

La fille a pris pour modèle sa mère durant toute son enfance, il y a eu une introjection des bons côtés, de la « bonne » mère, mais aussi des mauvais côtés, de la « mauvaise » mère. D'abord parce que la petite fille ne pouvait admettre que sa mère se comporte par méchanceté ou indifférence avec elle, elle avait trop besoin de croire en l'amour absolu maternel. Elle préférait se sentir coupable, penser mériter ces mauvais traitements. Les mauvais côtés sont alors passés dans le camp de la bonne mère et introjectés comme tel. Ensuite en introjectant les mauvais côtés, la petite fille se les approprie, ils n'appartiennent plus à la mère. De cette façon, la colère qu'elle ressentait envers sa mère se trouve dirigée contre elle-même. Elle préfère s'en vouloir, ainsi elle protège sa mère, la garde « idéale », ce qui lui était, pendant l'enfance, indispensable. L'enfant est incapable de supporter l'épouvantable solitude qu'il ressentirait s'il acceptait l'idée que sa mère puisse être « mauvaise ». Se comporter comme la mère permet, inconsciemment, de maintenir le lien avec elle, de surmonter l'angoisse de séparation.

Avant l'expérience de la maternité, la fille s'évertuait à essayer de définir son individualité, en marquant ses différences. Maintenant elle tient un enfant dans ses bras, elle est mère, ce qui ne favorise pas la distanciation. Le processus d'introjection peut alors s'accélérer. On entend souvent des jeunes mères s'apercevoir, épouvantées, qu'elles se comportent avec leur enfant de la même manière que leur mère avec elles.

Quand l'enfant arrive, la sexualité de la jeune mère passe au second plan, sans qu'elle en comprenne les raisons, hormis les contraintes physiques dans les suites de l'accouchement. Avant l'arrivée de l'enfant, elle vivait une sexualité qui l'épanouissait, qui lui avait permis de prendre son autonomie. Après, tout est centré sur l'enfant, la sexualité paraît accessoire, parfois inutile. Elle « oublie » la sexualité et se rapproche inexorablement de sa mère asexuée. Le rôle de mère et la femme sexuelle ont été bien séparés. Elle ne conçoit pas qu'ils puissent être réunis en une seule et même personne. Ce qu'elle avait compris de l'importance de la sexualité dans sa réalisation personnelle, elle l'oublie dans les bras de son enfant.

> Nathalie vient consulter quelques mois après la naissance de sa première petite fille. Elle est angoissée, peu sûre d'elle, n'arrive pas à s'occuper de sa fille, elle se sent coupable. Ses relations avec son mari se sont dégradées. Elle lui fait des reproches, entre autres qu'il n'est pas assez présent pour elle. Sa fille est née avec une malformation abdominale, immédiatement corrigée. Sa fille a maintenant presque un an et va très bien. Mais Nathalie est totalement angoissée à son sujet, persuadée que sa fille est toujours « anormale ».
> Nathalie a des relations très conflictuelles avec sa mère. Elle répète souvent : « J'ai eu une mère et non une maman », elle estime que sa mère s'est occupée d'elle, mais ne lui a pas donné d'affection. Elle décrit sa mère comme une femme froide, toujours débordée, criant sur ses trois enfants pour un oui ou pour un non. Elle est la dernière et la seule fille.
> « Je me suis toujours sentie une charge, je pensais que je devais être anormale pour que ma mère me trouve si gênante. » Sa mère critique et dévalorise en permanence son père, comme elle le fait avec sa fille. À la naissance du bébé, sa mère, apprenant la malformation, lui a immédiatement dit : « C'est certainement de ta faute, je t'avais dit de ne pas fumer ! »
> Avant la naissance, Nathalie gérait ses angoisses. Elle se sentait épanouie dans son travail et dans son couple.
> Elle en veut à sa mère de l'avoir dévalorisée et culpabilisée.
> Depuis la naissance, elle constate que ses comportements ressemblent de plus en plus à ceux de sa mère, elle ne comprend pas pourquoi, et cela la contrarie. Elle ressent de l'aversion

pour sa fille, qui ne fait pas ce qu'elle veut. Elle « harcèle » son mari de reproches divers et variés. Elle n'a plus de relations sexuelles avec lui, alors qu'elle avait une sexualité épanouissante avant la naissance. Sa petite fille la renvoie à sa condition de fille, « mauvais objet », enfant « anormale » qui ne méritait pas d'être aimée de sa mère. En retrouvant son sentiment d'être le mauvais objet, elle se rapproche de sa mère, lui donne raison d'une certaine façon. Et se comporte comme elle : dominatrice, rejetante, ne supportant pas que sa fille « s'oppose ».

Et pourtant elle en voulait à sa mère, consciente du mal qu'elle lui avait fait ; mais à la naissance de sa fille, sa mère a repris le dessus. Il y avait de quoi être désemparée, angoissée, tiraillée entre ses contradictions.

Les prises de conscience lui ont permis de se réapproprier sa fille, de l'accepter comme « autre », comme bon objet, et de se réconcilier avec elle-même.

Devenues mères, les femmes se sentent plus en empathie avec leur mère. Elles oublient leurs anciennes colères, elles ont besoin de resserrer les liens. Même si elles sont en conflit conscient avec leurs mères, elles vont se comporter comme elles, façon de maintenir le lien, mais qui les met en contradiction avec elles-mêmes. Elles voulaient être aimantes et douces, et voilà qu'elles sont rejetantes et en colère. Elles se sentent en colère contre elles-mêmes, pour encore une fois, de ne pas être en colère contre leur mère.

## *Fille et mère se rapprochent*

La maternité est ce moment particulier de rapprochement entre la fille et sa mère. Il existe une autre situation, plus douloureuse, qui resserre les liens inconsciemment : lorsque la mère meurt. J'entends souvent des femmes qui pensent qu'elles se sentiront plus libres quand leur mère ne sera plus là. Je les mets en garde sur le risque que le contraire se produise.

L'idéalisation de la personne qui disparaît est un processus normal. On ne voit plus que ses côtés positifs, ce qu'on aimait en elle, et qui manque. Même si cette personne pour qui on avait de l'affection s'est montrée désagréable, a fait souffrir, le psychisme ne retient que les bons côtés. On pleure son absence, on regrette tout ce qu'il y avait de bon dans la relation. Le mort est idéalisé.

Lorsqu'une fille perd sa mère, elle passe par cette phase d'idéalisation, processus bien connu puisqu'elle a idéalisé sa mère toute son enfance. En grandissant, elle a pris du recul, mais à sa disparition, l'idéalisation revient en force. Si elle n'a pas suffisamment pris ses distances avant le décès, elle risque d'être submergée par ce processus, de ne plus pouvoir porter un regard critique, et vivre un deuil sans fin.

Le moyen de garder en vie notre mère est de la faire vivre en nous. Au niveau inconscient, les bons comme les mauvais côtés de la mère ont été intégrés. Les mauvais côtés risquent de s'installer, et de satisfaire le moi qui, alors, n'a pas à subir la séparation due à la perte.

## *L'amour maternel est gratuit*

L'amour humain est ambivalent, mais l'enfant a toujours besoin de l'amour de ses parents. Même quand il est en colère, quand il paraît hostile, il a besoin d'attention et d'amour. C'est aussi important pour son développement que l'air qu'il respire, ou la nourriture qu'il prend. S'il ne reçoit pas d'amour, le vide s'installera à l'intérieur de lui. L'enfant a un besoin vital d'être aimé. Il est capable de beaucoup de contorsions pour tenter de l'obtenir.

Comment peut-on croire qu'un enfant n'aime pas ses parents, il en a tellement besoin. Il peut souffrir, être en colère, avoir des réactions hostiles, mais cela ne signifie pas qu'il ne les aime pas.

Avoir peur de ne pas être aimé de son enfant, c'est avoir un problème personnel à régler. Accuser son enfant d'être ingrat, de ne pas être suffisamment aimant relève d'un problème de narcissisme, d'amour de soi. L'amour se transmet sans dette comme le montre ce petit conte attribué à Freud que j'affectionne particulièrement. C'est l'histoire d'une maman aigle qui veut sauver ses petits du déluge, trop jeunes pour se débrouiller seuls. Elle prend le premier dans ses serres, et s'envole. « Je te serai toujours reconnaissant, maman », dit l'aiglon. « Menteur ! », dit la mère en le lâchant dans les flots. La même chose se produit avec le deuxième. Quand la mère prend le troisième et s'envole avec, celui-ci lui dit : « J'espère que je serai aussi bon pour mes enfants que tu l'as été pour moi. » Et la mère sauve l'enfant.

La mère oiseau montre comment il est sain de se comporter. L'amour qu'elle donne à son enfant ne demande rien en retour. Elle attend de son enfant qu'il donne à son tour à ses enfants l'amour qu'il a reçu.

L'amour que l'on donne à ses enfants est gratuit, il n'y a pas de dette à attendre. Le don se transmet de génération en génération. *La dette de gratitude ne se situe pas derrière mais devant nous.*

« Après tout ce que j'ai fait pour toi, voilà ta reconnaissance ! » entend-on souvent. Avoir un enfant, c'est un merveilleux cadeau. Attendre de son enfant une reconnaissance, une récompense, c'est déformer la relation entre parents et enfants. Lorsqu'une mère critique sa fille parce qu'elle ne sent pas assez aimée, c'est qu'elle attend de sa fille un amour qui lui a manqué, qu'elle n'a pas reçu.

Lorsqu'une fille se sent en dette par rapport à sa mère, c'est que l'amour qu'elle croit avoir reçu n'était pas donné gratuitement. Sa mère attendait quelque chose en retour. L'amour d'une mère est gratuit, c'est un don d'amour à son enfant, transmission de l'amour qu'elle a reçu de ses propres parents.

## *Oser porter un regard critique*

Recevoir l'amour de ses parents n'empêche pas de porter un regard critique. Se permettre de porter un avis sur les comportements parentaux, n'est pas toujours chose facile. Il n'est pas rare d'entendre que l'on n'a pas le droit de « juger » leurs parents. C'est un comportement qui relève de l'enfance : mieux vaut garder ses parents « idéaux », ne pas voir les choses en face. La fille, quand elle était enfant, ne pouvait pas critiquer sa mère, sous peine de la perdre. Elle craignait que sa seule pensée puisse être entendue de sa mère, crainte typique d'un mode de pensée fusionnel. Aujourd'hui, la fille a grandi. Et pourtant, combien de femmes se sentent mal à l'aise de porter un regard critique sur leur mère.

Il ne s'agit pas de juger, dans le sens négatif et accusateur, mais de s'autoriser à avoir un regard lucide, à prendre suffisamment de distance pour faire la part des choses. C'est admettre que certains côtés de notre mère nous ont déplu, et que nous acceptons de les reconnaître sans culpabiliser.

« Le sentimentalisme, sous toutes ses formes, est une défense contre la colère. Plutôt que de nous sentir une âme de meurtrière, nous refoulons doublement notre hostilité, avec le sourire. Nous disons que tout ce que nous n'aimions pas chez notre mère n'avait aucune importance. Nous la "comprenons". […] Vous vous dites à vous-mêmes des mensonges pleins de remords qui la protègent, ce qui signifie que vous ne voulez pas admettre que vous répétez votre mère. Vous vous raccrochez à votre animosité, et la seule façon de la faire survivre est d'intégrer les parties d'elle que vous haïssiez. Ce comportement vous permet de prolonger la symbiose, même si votre mère est loin de vous ou si elle n'est plus de ce monde[28] », dit le Dr Robertiello.

## Être mère aujourd'hui

### La maternité suffisante ?

La société actuelle, bien confortée par la psychanalyse, décrit la maternité comme un accomplissement. Mais il n'en serait pas de même en ce qui concerne la paternité pour l'homme.

Une femme peut s'épanouir en s'occupant de ses enfants, mais ce seul investissement n'est pas forcément suffisant, simplement parce qu'elle est une femme. On a longtemps défendu l'idée que la femme ne pouvait trouver de satisfaction véritable qu'en la maternité. Une femme qui n'est pas mère ne serait pas « accomplie », alors qu'un homme sans enfants paraît moins atypique. D'où viennent ces préjugés qui obligent les femmes à se sentir satisfaites de l'unique préoccupation de leurs enfants ? Porter en soi un enfant est un immense privilège, les élever est une chance merveilleuse. Mais parfois cette tâche ardue n'est pas gratifiante. Si certaines se sentent ainsi comblées, pourquoi généraliser à toutes les femmes cette satisfaction ? La femme, contrairement à l'homme, devrait se sentir comblée, épanouie, simplement parce qu'elle s'occupe de ses enfants. Quand elle ne s'épanouit pas et souffre des contraintes, elle se sent coupable. Elle faillit à son rôle. Avoir un enfant est merveilleux, pour la femme comme pour l'homme. Mais, pour chacun d'eux, d'autres investissements, d'autres possibilités d'épanouissement existent. Pourquoi faudrait-il que la femme se suffise de son unique rôle de mère ?

## *La parentalité partagée*

Selon des époques et les cultures, la fonction maternelle n'a pas toujours été valorisée. C'est ce que souligne E. Badinter dans *L'Amour en plus*[29]. Dans certaines sociétés (la nôtre, il n'y a pas si longtemps), la mère déléguait systématiquement son rôle auprès d'une nourrice. La maternité a acquis ses lettres de noblesse depuis quelques siècles, aidée par la psychanalyse, qui a expliqué l'importance des mères.

Aujourd'hui, le rôle de la mère est tellement valorisé, que si elle manque à ses devoirs elle se sent fautive. Combien de femmes se sentent coupables parce qu'elles concilient avec difficulté vie professionnelle et vie familiale ! Les hommes n'ont pas ces obligations. Ils investissent leur travail et se sentent moins en porte à faux s'ils voient moins souvent leurs enfants. Les femmes, elles, se sentent mauvaises mères quand elles ne peuvent gérer parfaitement l'éducation. Si elles ne sont pas là pour une réunion d'école, ou si elles ne peuvent superviser le travail scolaire, la culpabilité pointe. La société leur a dit et répété qu'elles étaient indispensables auprès de leur enfant, et elles portent, seules, la responsabilité de son bien-être. Si l'enfant va mal, ce sont elles qu'on regarde de travers. Mais où est donc la responsabilité du père ? Pourquoi le père ne serait pas tout aussi indispensable ?

« Un enfant a surtout besoin de sa mère », entend-on. Et son père, n'en a-t-il pas besoin ?

Dans le passé, la femme a été cantonnée au rôle unique de mère, l'éducation des enfants lui était dévolue. Le père pouvait vaquer à ses occupations, la mère était là pour s'occuper des enfants. Aujourd'hui, l'évolution des mœurs a bouleversé l'ordre établi. Les femmes s'épanouissent en dehors du foyer. Mais il faudrait qu'elles continuent à porter seules la responsabilité de l'éducation des enfants. L'équilibre à trouver commence par la réhabilitation de la fonction paternelle. *Les deux parents sont tout aussi indispensables à l'enfant,* chacun doit assumer sa part de l'éducation. Les pères sont tout autant capables de donner de l'amour et de l'attention ; ce n'est en rien un privilège du féminin. L'enfant a surtout besoin d'amour, quel que soit le sexe de la personne qui lui en donne. Cependant, les femmes restent majoritairement habitées par l'idée qu'elles doivent assumer la fonction parentale et croient faillir à leur rôle quand elles délèguent. Nous ne pouvons pas demander à avoir les mêmes droits que les hommes et garder le privilège et l'entière responsabilité de l'éducation de nos enfants.

DEUXIÈME PARTIE

# Quand l'histoire se complique

CHAPITRE 4

# *Les mères « pathogènes »*

Les mères dont on parlera ici sont « pathogènes », dans le sens où le type de relation noué avec leur fille peut avoir des conséquences douloureuses sur la vie future de celle-ci.

Ces mères n'arrivent pas à donner à leur fille ce dont elle aurait besoin pour être bien : amour, attention, intérêt, encouragements, aide à l'autonomisation, à la séparation. Aucune mère n'est parfaite, il suffit qu'elle soit « suffisamment bonne », comme le dit Winnicott, ou suffisamment aimante, bienveillante, sachant respecter, être attentive et valorisante. Être mère, c'est être capable de donner de l'amour sans attendre de retour. Le don est gratuit, il n'y a pas de dette. La gratitude de l'enfant ira de soi s'il a reçu l'affection nécessaire à son développement. Le don d'amour s'inscrit dans la transmission des générations. Pour être capable d'aimer, il faut avoir reçu une dose d'amour suffisante. C'est peut-être leur incapacité à aimer qui caractérise ces mères, à répondre aux attentes de leur fille, car elles sont elles-mêmes en attente, carencées d'amour.

## Les mères dépendantes de leur fille

Les mères dépendantes de leur fille se placent d'emblée dans un rapport biaisé. Durant l'enfance, la petite fille dépend de sa mère et non l'inverse. Ces mères dont l'existence dépend de leur fille se focalisent sur sa vie à défaut de vivre pour elles-mêmes ; elles vivent au travers de leur fille. Celle-ci devient un bon ou un mauvais objet en fonction de la satisfaction qu'elle leur apporte.

Ces mères souvent « fusionnelles », proches de leur fille sont approuvées par la société. On les dit très aimantes, on s'émerveille de leur dévouement. Elles établissent des relations exclusives, où le tiers n'a pas sa place, où il n'y a pas de distinction nette entre mère et fille. Ces mères n'ayant pas pu se construire sur l'assurance d'un amour stable restent dans un état fusionnel non dépassé avec leur mère, et recherchent cette fusion avec leur fille. Les relations décrites sont « extrêmes », parfois le trait est plus nuancé mais la relation n'en reste pas moins pathogène.

### *Les mères en attente d'être aimées*

Elles donnent l'impression d'« aimer » leur fille, de s'en préoccuper (ce qu'elles font dans une certaine mesure), mais ce qu'elles recherchent avant tout c'est d'être entourées d'affection et elles utilisent leur fille pour cela. En quête affective, elles sont dépendantes de l'affection de leur fille. Elles en attendent sollicitude, intérêt, attention, valorisation, dévouement et se sentent rejetées si elles ne reçoivent pas tout cela.

En fait, elles attendent de leur fille ce que leur mère n'a pas su leur apporter dans leur enfance. Mais cette attente ne peut être satisfaite, leur fille ne peut leur donner ce qui leur a manqué dans leur passé de petite fille. Elles ne sont jamais rassasiées et culpabilisent leur fille de ne pas assez les aimer. En se comportant ainsi, elles placent leur fille à la place de leur mère, avec le fantasme illusoire d'une possible réparation par l'enfant. Elles inversent la relation : la fille prend la place de leur mère.

Ces mères aiment croire qu'elles se sacrifient pour leur fille, qu'elles s'oublient pour son bien. Cela les valorise. Mais qui leur a demandé de se sacrifier ? Pourquoi la maternité imposerait-elle un sacrifice, donc une souffrance, et un renoncement à sa vie propre ? Personne n'aime porter le poids du sacrifice de l'autre, et surtout pas l'enfant. Si ces mères ne savent pas s'épanouir dans leur vie, c'est peut-être pour des raisons qui n'ont rien à voir avec leur enfant. *Mais l'enfant leur donne une justification valorisante à l'oubli d'elles-mêmes.*

« C'est le dévouement masochiste ; certaines mères, pour compenser le vide de leur cœur et se punir d'une hostilité qu'elles ne veulent pas s'avouer, se font les esclaves de leur progéniture ; [...] elles renoncent à tout plaisir, à toute vie personnelle, ce qui leur permet d'emprunter une figure de victime ; et elles puisent dans ces sacrifices le droit de dénier ainsi à l'enfant toute indépendance. [...] La grande excuse de la mère c'est que l'enfant est bien loin de lui apporter cet heureux accomplissement d'elle-même qu'on lui a promis depuis sa propre enfance : elle s'en prend à lui de la mystification dont elle a été victime et qu'innocemment il dénonce[1] », écrit S. de Beauvoir.

### Ce que vit la fille

« Ma maman, je l'aime. Elle est tout pour moi. Je sens bien qu'elle n'est pas contente de sa vie. J'essaie de lui apporter un peu de bonheur. J'essaie de m'occuper d'elle. D'ailleurs, elle aime bien cela. Mais cela ne suffit pas. Elle paraît toujours mécontente, malheureuse. Elle trouve que les autres sont méchants, égoïstes, que personne ne la comprend. Moi, j'essaie vraiment, de tout mon cœur, de la comprendre, et d'essayer de lui faire du bien. Mais elle me dit que moi aussi je suis égoïste, que je ne l'aime pas autant qu'elle m'aime. Je ne comprends pas. Elle me dit même qu'elle sait bien que je ne m'intéresse pas vraiment à elle. Je ne comprends pas. J'en pleure même parfois. Pourquoi ne comprend-elle pas que je l'aime, et que je me préoccupe bien plus d'elle que de moi ? Pourtant je suis sûre qu'elle m'aime. Elle me le répète tout le temps. D'ailleurs, je sens bien qu'elle a besoin de moi, que je suis importante pour elle. Cela veut bien dire qu'elle tient à moi. Pourtant je ne me sens pas bien dans ma peau. Je ne me connais pas. Je ne sais pas si j'ai des qualités. Maman me fait beaucoup de reproches, je ne pense pas assez à elle, etc. Elle ne me fait que très peu de compliments, peut-être même jamais. Peut-être que c'est normal, je ne dois pas en mériter. D'ailleurs, elle a raison, j'ai honte de moi. Parfois j'ose penser un peu à moi, j'ai des copines, et même j'aime m'amuser. Mais je vois bien que cela lui déplaît. Elle n'a pas besoin de le dire, je le sens. Elle préfère que je reste près d'elle. Alors je me dis que je suis drôlement égoïste, de vouloir m'amuser comme ça, alors que ma maman, elle, elle ne le fait pas. Elle me dit que toute sa vie, c'est moi. C'est drôlement fort, elle m'aime plus que tout. Alors, si elle ne va pas bien, j'ai forcément ma part de responsabilité. Je m'en veux. Je me déteste. Comment est-ce que je peux vivre, alors que je n'arrive même pas à satisfaire l'être qui m'aime le plus au monde ? »

Ce pourrait être le discours intérieur d'une petite fille dont la mère est en demande d'amour, et qui se sent seule, enfermée dans sa culpabilité de ne pouvoir satisfaire ses attentes.

En grandissant, elle commence à comprendre que sa mère est compliquée, jamais satisfaite, qu'elle critique tout et tout le monde. Mais les bases sont posées. Cette fille ne s'aime pas, elle culpabilise pour tout, ne se trouve aucune qualité, ne voit en elle que des défauts.

Cette fille se trompe doublement. Non, elle n'est pas responsable de la souffrance de sa mère, de sa carence affective qui vient d'avant sa naissance. Elle n'a pas à se sentir coupable, à avoir honte d'elle. Elle n'a rien fait de mal. Si sa mère n'arrive pas à trouver les moyens de jouir de la vie, cela n'a absolument rien à voir avec elle. Cela devrait rester le problème de sa mère, et surtout ne pas devenir celui de sa fille.

Non, elle n'a pas été aimée comme elle le croit. Certes sa mère le lui répétait tout le temps, elle l'aimait plus que tout. Mais alors pourquoi ne s'aime-t-elle pas ? C'est un peu comme si cet amour ne l'avait jamais atteinte. Comme si sa mère avait toujours attendu d'être aimée, mais avait été incapable de penser véritablement à sa fille. Qu'a-t-elle reçu ? Sa mère lui a-t-elle donné confiance en elle, l'a-t-elle complimentée, lui a-t-elle donné le sens de sa valeur ? Sa mère lui a-t-elle permis de penser à elle, l'a-t-elle encouragée à cela ?

Sa mère a « aimé » sa fille pour elle-même, pour recevoir de l'amour. Elle n'a pas été capable de l'aimer vraiment, de la respecter, de vouloir son bien-être. Elle a passé son temps à la culpabiliser, à lui faire croire qu'elle n'est pas une « assez » bonne fille. Alors que c'est peut-être elle, la mère, qui n'a pas su être une « assez » bonne mère.

Cette fille, pensant que sa mère s'est sacrifiée pour elle, se sent en dette envers elle. En dette de quoi ? D'un amour qu'elle n'a jamais reçu ? *Au sacrifice de la mère répond toujours la culpabilité de la fille.* Comment alors arriver à comprendre la véritable origine de sa souffrance ?

Martine vit mal son divorce survenu il y a quelques années. Elle a une très faible estime de soi, ne se trouve aucune qualité. Elle culpabilise en permanence : elle pense qu'elle a été une mauvaise épouse, et que c'est pour cela que son mari l'a quittée ; elle pense avoir été une mauvaise mère pour ses deux fils, et que pour cette raison la communication avec l'aîné est difficile ; elle s'imagine ne pas être une bonne amante, c'est pour cela que son ami ne quitte pas sa femme pour elle ; elle pense qu'elle est une mauvaise fille, ingrate et égoïste, c'est ce que sa mère lui répète sans cesse.

Elle pense toujours aux autres avant elle, ne se permet pas de penser à elle. Elle ne refuse jamais si on lui demande quelque chose, elle fait passer le désir de l'autre toujours avant le sien. Elle veut toujours faire plaisir aux autres, être disponible, à l'écoute. Elle ne pense jamais à ce qui pourrait lui faire plaisir, à elle. Elle subit la vie, se pensant mal aimée et méritant de l'être. Elle dit se sentir vide, inexistante si personne ne s'intéresse à elle.

Elle décrit sa mère comme une femme malheureuse, de par son mariage, et qui s'est sacrifiée pour elle. « Elle m'a étouffée d'amour. Comment peut-on souffrir d'avoir été trop aimée ? » dit-elle. Sa mère se plaignait de sa vie, qu'elle subissait. Elle était affectueuse avec sa fille, la complimentait facilement, s'occupait beaucoup d'elle. Elle s'inquiétait à son sujet, préférant la garder près d'elle où c'était moins dangereux. Elle ne lui laissait que peu d'espace : « Le seul endroit où j'étais à peu près tranquille, c'était dans ma chambre. »

La mère de Martine attendait que sa fille l'aime et la soulage des déceptions de sa vie.

Martine avoue ne jamais avoir senti que sa mère s'intéressait vraiment à elle, mais plutôt qu'elle avait besoin d'elle. Très préoccupée de sa mère, elle l'écoutait, voulait la soulager. Elle pensait à sa mère. Sa mère pensait-elle à sa fille ? « Non, elle était trop préoccupée par sa souffrance pour penser à moi. Je pouvais grandir sans aide, je n'avais pas de problème. Je n'avais pas le droit d'être malheureuse ou d'avoir des difficultés : comment pouvais-je souffrir avec tout l'amour qu'elle me donnait, comment pouvais-je être aussi égoïste pour lui en rajouter ? » Sa mère lui reprochait son ingratitude et de ne pas l'aimer comme elle l'aimait !

Martine ne sait pas penser à elle, elle ne s'autorise pas, sa mère ne le lui a jamais permis. Elle fait passer le désir des autres avant le sien, comme elle faisait passer le désir de sa mère avant le sien. Elle ne sait pas véritablement ce qu'elle désire, ce qu'elle aime. Elle se dévalorise, ne se trouve aucune qualité. « Chaque fois qu'il m'arrive quelque chose et que je lui raconte, j'ai l'impression que ma mère m'en dépossède, elle prend toute la place, et moi je n'ai plus d'importance. » Qui lui a fait prendre conscience de sa valeur, en tant qu'être différencié de sa mère ? « Quand ma mère me complimentait, je sentais que c'était surtout à elle qu'elle faisait plaisir, les compliments ne m'étaient pas destinés. » Son père était totalement absent, évincé par sa mère.

Elle comprend que sa mère était en demande d'amour et incapable de lui donner ce dont elle avait besoin. Elle s'est comportée avec son mari comme sa mère avec elle : elle lui demandait toujours une affection qui ne suffisait jamais, et elle le lui reprochait. C'est, entre autres, ce comportement qui a éloigné progressivement son mari.

En comprenant le type de relations qui la liait à sa mère, elle change de regard. Sa mère n'était peut-être pas aussi bonne qu'elle le croyait, et elle, peut-être pas aussi mauvaise qu'elle l'a toujours cru.

### L'enfant-roi

Certaines mères ont très peur de ne pas être aimées de leur enfant et leur passent tout. Elles n'arrivent pas à poser les interdits, à mettre des barrières, chaque chagrin ou colère sont vécus comme autant de reproches. Ces mères, elles aussi carencées, attendent que leur enfant soit toujours satisfait, toujours aimant. Être parent, c'est apporter de l'affection, mais c'est aussi savoir poser des limites. L'enfant ne peut les trouver tout seul. Plus tard, il apprendra à définir ses propres critères. Mais petit, il peut se sentir totalement perdu s'il peut partir dans toutes les directions. Il ne sait pas se contrôler, il ne sait pas ce qui est bon ou pas pour lui. Une mère qui a peur que sa fille ne l'aime pas, ne veut pas lui déplaire et cède à tous ses caprices. L'enfant devient alors capricieux parce qu'il est perdu, et qu'en demandant toujours plus il cherche inconsciemment les limites rassurantes.

> Audrey a une petite fille de 5 ans. Elle fait passer les désirs de sa fille au premier plan. Sa fille pleure quand elle va à la cantine, Audrey ramène sa fille à la maison pour déjeuner, au prix d'acrobaties compliquées avec son travail. Sa fille refuse de manger un plat, elle lui en prépare un autre. Sa fille ne veut pas rester avec la baby-sitter, elle ne sort plus comme elle l'avait prévu. Audrey culpabilise quand elle n'est pas contente. Audrey se sent responsable quand sa fille est triste. Alors elle met tout en œuvre pour que sa fille soit contente tout le temps. Mais sa fille ne peut pas être contente tout le temps.
> Audrey a peur. Elle a peur que sa fille la rejette, ne l'aime pas. Audrey a été élevée par sa mère, son père étant parti quand elle avait 5 ans. Sa mère était triste et incapable de trouver du plaisir dans la vie. Elle paraissait débordée par l'éducation de ses deux filles. Audrey a toujours voulu soulager sa mère, s'est toujours sentie coupable de sa tristesse. Elle pense que sa mère s'est sacrifiée pour elle. Et elle l'en remercie. Alors elle se sacrifie pour sa fille et veut tout faire pour que cette dernière soit heureuse. Mais elle ne comprend pas qu'en se sacrifiant ainsi, elle transmet le poids de la culpabilité, culpabilité d'avoir une mère insatisfaite. Elle demande à sa fille de l'aimer, amour qui lui a sûrement manqué, de la part de sa mère débordée et malheureuse. Mais sa fille n'a pas à aimer sa mère, à se préoccuper d'elle, elle a à se cons-

truire et à être aidée pour cela. Elle a besoin d'une mère « qui tient » toute seule et qui sait mettre les limites. Ainsi, Audrey avoue que sa fille s'inquiète beaucoup à son sujet, lui demande sans arrêt comment ça va et angoisse quand elle est loin d'elle… La petite fille devient la mère de sa mère, comme Audrey l'était pour sa mère. Audrey avance dans son cheminement quand elle remet en question le supposé sacrifice de sa mère et comprend que le malheur de sa mère est lié à sa propre histoire. Une bonne mère n'en passe pas par le sacrifice, car il culpabilise l'autre, elle aime sans donner l'impression qu'elle en souffre ou qu'elle y perd.

## *Les mères en attente d'être valorisées*

Certaines mères considèrent leur fille comme un prolongement d'elles-mêmes. Elles aiment leur fille dans la mesure où elle les valorise, les narcissise. Caroline Eliacheff et Nathalie Heinich parlent d'« abus narcissique » de l'enfant, qui n'est que la projection du parent, « dont les dons sont exploités non pour développer ses propres ressources mais pour combler les besoins de gratification du ou des parents[2] ».

L'abus narcissique peut exister entre tout parent et tout enfant. Le parent insatisfait attend que son enfant fasse ce qu'il n'a pas pu faire. Il l'encourage à s'engager dans une voie qui ne correspond ni au désir de l'enfant ni à ses compétences.

Alice Miller décrit particulièrement bien cette carence narcissique des parents et ses éventuelles conséquences sur l'enfant : « Des parents qui [...] ont des besoins narcissiques insatisfaits vont chercher toute leur vie ce que leurs parents n'ont pas pu leur donner au bon moment : un être qui s'adapte totalement à eux, qui les comprenne entièrement et les prenne au sérieux, qui les admire et leur obéisse aveuglément. [...] Leurs propres enfants sont les mieux placés pour fournir cette satisfaction de rechange à ces parents[3]. »

Il est vrai que les enfants ont tellement besoin de plaire à leurs parents qu'ils sont très bien placés pour comprendre et faire ce qu'on attend d'eux. « Plus encore que pour les garçons, l'abus narcissique commis sur les filles est aussi, indissociablement, un "abus identitaire", la fillette étant mise à une place qui n'est pas la sienne et corrélativement, dépossédée de sa propre identité par celle-là même qui a charge de l'aider à la construire[4] », écrivent C. Eliacheff et N. Heinich.

C'est une mère, par exemple, qui cherche à tout prix à ce que sa fille soit la plus belle, qui fait tout pour qu'elle soit admirée. Cette mère attend de recevoir l'admiration par l'intermédiaire de sa fille. C'est une fille qui dira plus tard que sa mère la complimentait et qu'elle était fière d'elle. Et elle ne comprend pas pourquoi elle a si peu confiance en elle. Comme si les compliments ne l'avaient jamais atteinte, elle, car ils étaient destinés à sa mère.

La mère qui se comporte ainsi risque d'empêcher le narcissisme sain de sa fille et son identité féminine de se construire, puisque le but de son comportement est la réparation de son propre narcissisme défaillant.

La mère « qui attend de son enfant qu'il lui insuffle la vie engendre un enfant mort qui ne peut que s'identifier au vide interne qui la ronge[5] », écrit D. L. Haineault. Elle utilise sa fille pour obtenir des satisfactions qu'elle n'a pu avoir durant son enfance. Mais ce qu'elle cherche, elle ne l'obtiendra jamais et sera éternellement insatisfaite. « Ils [les parents] ne pourront jamais trouver ce qu'ils cherchent, puisque ces besoins insatisfaits datent d'une époque à tout jamais révolue, celle des premiers temps de la formation du Soi[6] », écrit Alice Miller.

### Ce que vit la fille

« Maman, elle s'occupe beaucoup de moi. Elle passe beaucoup de temps à m'aider dans divers domaines. J'ai l'impression d'être très importante pour elle. Elle ne fait pas grand-chose à part se préoccuper de moi. J'ai le sentiment que le reste de sa vie n'a pas d'intérêt pour elle. Elle me dit que j'ai beaucoup de capacités, et elle imagine un avenir brillant pour moi plus tard. Elle n'a pas pu faire d'études, elle dit que c'est un grand regret pour elle. Je travaille bien à l'école, j'ai des facilités. Elle est très fière de mes résultats. Elle ne rate pas une occasion de le dire à droite, à gauche. Elle est très exigeante avec moi. Parfois elle se met très en colère pour une note qu'elle ne trouve pas assez bonne. J'ai l'impression que cela a une importance énorme pour elle. J'ai toujours peur de la décevoir. Il faut toujours que tout soit parfait, en ce qui concerne les études en particulier. Je vois bien qu'elle attend beaucoup de moi, qu'elle m'aime d'autant plus si je corresponds à ses attentes. Elle me fait faire des activités en dehors de l'école, mais n'écoute pas vraiment si cela me plaît ou pas. Elle sait ce qui est bon pour moi, et elle est très déçue si je ne parais pas satisfaite. Alors je fais ce qu'elle me demande. J'ai des facilités. Je sais qu'elle me préfère à ma sœur. Elle ne le dit pas, mais c'est évident. Elle critique ma sœur pour un oui ou pour un non, elle trouve qu'elle ressemble à mon père. D'ailleurs elle critique mon père tout le temps aussi, elle trouve qu'il n'a pas d'ambition, qu'il n'est pas cultivé, j'ai l'impression qu'elle en a honte. Alors moi, je n'ai pas du tout envie qu'elle ait honte de moi. Je fais en sorte de la satisfaire. Et j'y arrive plutôt bien. Elle est vraiment affectueuse avec moi. Je sais qu'elle m'aime. Mais je ne sais pas pourquoi, parfois je me sens vraiment seule, vide. Je ne lui parle pas de mes problèmes, ça la décevrait. Elle attend de moi que je sois forte. Et j'arrive à le lui faire croire. En grandissant, j'ai de plus en plus de mal à me plier à ses attentes. Parfois je n'en peux plus. Je n'ai plus envie d'avancer. D'ailleurs je n'ai envie de rien. Je ne sais absolument pas ce qui me fait plaisir à moi. Je ne comprends pas ce qui m'arrive. La vie pour moi n'a aucun sens. Je ne voudrais vraiment pas la décevoir, elle fait tant pour moi. Mais je me sens si triste. Je me regarde, et je ne sais pas qui je vois dans le miroir. Elle me dit que je suis jolie, ça me fait plaisir, mais j'ai l'impression que c'est surtout à elle que ça fait plaisir. Je sais que je suis importante pour elle, mais je ne ressens pas, moi, que je suis importante. Tout ce que je fais de bien, tout ce qu'elle me dit de gentil, j'ai l'impression que cela ne me sert à rien. Cela lui sert à elle, je la valorise. Mais ce que je suis moi, je ne sais pas. C'est comme s'il y avait une partie de moi complètement vide, qui n'a jamais existé pour personne. Et c'est cette partie maintenant qui me fait mal, qui me donne envie de disparaître, qui ne voit pas de sens à tout ça. »

Ce récit pourrait être le discours d'une jeune fille qui deviendra anorexique, moyen pour elle de ne pas avancer et de ne pas s'opposer ouvertement à sa mère.

Quand une mère surinvestit son enfant, elle ne l'investit pas comme autre, mais comme un prolongement d'elle-même. L'enfant apprend à correspondre à ce qu'on attend de lui, mais il ne se structure pas pour lui-même. Il satisfait le désir de sa mère, mais devient une coquille vide qui n'a pas de désirs, puisqu'ils n'ont jamais pu s'exprimer.

Une mère qui se comporte ainsi est insatisfaite et ne sait pas investir ce qui pourrait lui faire du bien. Elle n'est pas épanouie dans sa vie de femme, ni avec son mari ni dans sa vie professionnelle. Elle attend de sa fille une réparation de son narcissisme défaillant. Cette attente est doublement vouée à l'échec : sa quête témoigne de besoins insatisfaits qui datent d'une époque révolue, sa faille narcissique ne peut être guérie par l'intermédiaire de sa fille. Son insatisfaction personnelle et profonde l'amène inévitablement à se sentir à nouveau insatisfaite de son enfant, investi comme une partie d'elle-même.

Sa fille ne pourra se construire de façon saine et divers troubles liés à son narcissisme défaillant risquent de se manifester. Elle ne comblera pas le vide de sa mère, mais elle sera elle aussi vide d'un amour qui ne lui a jamais été destiné.

## *La mère possessive ou l'enfant possession*

La mère qui utilise son enfant pour son propre compte, qui considère sa fille comme un prolongement d'elle-même ou comme sa possession se comporte avec elle en conséquence. Son emprise[7], terme utilisé par la psychanalyste Françoise Couchard pour nommer certains comportements maternels, n'a parfois pas de limites. Elle a tous les droits sur sa fille, qui n'est pas considérée comme un être autonome, différent.

C'est encore une relation fusionnelle où il n'y a pas de distinction des identités. La mère domine et ne lâche rien de sa supériorité. Sa fille n'a pas droit au chapitre, seule la mère sait, la mère décide. Chez elle, il n'y a aucune remise en question. Elle ne supporte aucune critique, aucune opposition. Ces femmes vous diront qu'elles aiment leur fille, qu'elles se comportent de cette manière pour leur bien ; mais est-ce que le non-respect de l'autre, la domination, la dévalorisation, c'est « aimer » l'autre ?

Les conséquences de l'abus narcissique ou l'abus de pouvoir sont multiples. La fille se sent emprisonnée, incapable de développer ses propres capacités, obligée de passer par le désir de l'autre. Elle porte la trace de cet abus puisqu'elle ne peut pas être elle-même et n'est que l'empreinte de ce qu'on a voulu qu'elle soit. Son intégrité n'a pas été respectée, elle a été manipulée, capturée, et se sent vide, n'ayant aucune conscience d'elle-même, en tant qu'être différencié, séparé. Elle n'existe que par rapport aux autres : elle se leurre d'une fausse existence. La vraie existence, elle ne la connaît pas.

Une autre psychanalyste, Marie-Magdeleine Lessana emploie le mot *ravage*. « Le terme ravage avec ceux de *ravissement* et *ravinement* ont une même étymologie, celle du verbe *ravir*. Cette proximité sémantique m'a incitée à décliner ce "ravir" comme l'enjeu du rapport mère-fille[8]. » On pourrait ajouter le mot rapt, proche de l'idée de ravir. On retrouve ici la notion de destruction de la personnalité de la fille, liée à une dépossession de son moi (ravir), dont la fille ne sait rien, car elle croit être aimée (ravissement). À noter enfin que le mot « ravie » est un homonyme et signifie à la fois être satisfaite, heureuse, admirative, et être dépossédée. On retrouve dans cette homonymie le paradoxe de la fillette : elle n'est pas libre d'être elle-même, mais elle n'a pas conscience de ce qu'elle subit, et admire celle qui la fait souffrir. Ces psychanalystes décrivent en quoi une relation mère-fille peut être destructrice, comment à l'amour exclusif supposé entre elles peut correspondre « la haine torturante, sourde ». Les termes peuvent paraître violents, sans doute sont-ils à la mesure de la violence subie par la fille.

La psychanalyste Annick Le Guen en parle aussi, sans complaisance. « Au cours de mon expérience de psychanalyste, je n'ai jamais rencontré une violence de destruction aussi puissante, aussi terrifiante, que celle exprimée par les protagonistes de certains de ces couples mères-filles. [...] Il y a de la violence, puissante et ravageuse [dans les relations mères-fils], mais n'allant jamais aussi loin dans la haine (surtout celle qui détruit) que celle qui peut, parfois, hanter la mère d'une fille[9]. »

Les psychanalystes femmes paraissent plus à même de reconnaître la violence et la destruction qui peut exister dans une relation mère-fille.

Lucille est une femme de 45 ans qui ne travaille pas, qui vit du RMI. Elle a pourtant de bonnes capacités intellectuelles.

Quand elle était petite, sa mère a tout fait pour qu'elle interrompe ses études dès que possible. Puis elle a passé son temps à lui expliquer qu'elle était incapable de travailler, incapable de faire quoi que ce soit en général. Sa mère voulait garder sa fille pour elle, elle ne pouvait supporter que sa fille prenne son autonomie. La mère de Lucille est une mère « emprise » qui se permet tous les abus sur sa fille. Elle disait que sa fille, Lucille, était sa préférée, celle sûrement sur laquelle elle pouvait avoir le plus de pouvoir. Lorsque Lucille a mis au monde sa propre fille à l'âge de 20 ans, sa mère a décrété que le père de l'enfant était indigne et l'a évincé, puis elle a décidé que Lucille était incapable de s'en occuper. Elle s'est alors approprié sa petite-fille, elle s'en est occupée comme si elle était sa mère, allant jusqu'à se faire appeler « Maman ». Elle a passé son temps à dénigrer Lucille auprès de sa petite-fille : « Ta mère ne s'occupe pas de toi parce qu'elle en est incapable, parce qu'elle préfère s'occuper d'autres choses… », lui disait-elle. Lucille a laissé faire, elle se sentait une mauvaise mère. Maintenant elle avoue ne pas avoir le sentiment d'être la mère de sa fille. La mère de Lucille continue de vouloir ravir tout ce qui appartient à sa fille. La fille de Lucille a eu un enfant il y a quelques années. Depuis sa naissance, la mère de Lucille s'occupe de cet enfant comme grand-mère (alors qu'elle est son arrière-grand-mère !) et déposède à nouveau sa fille de ce rôle-là. La mère de Lucille considère que sa fille n'a aucune existence propre, qu'elle doit se plier à tous ses désirs à elle.

Quand Lucille a commencé à se rebeller (tard, vers 30 ans), sa mère a redoublé de critiques dévalorisantes, culpabilisantes. Elle parle du démon qui possède sa fille (décidément, elle est toujours possédée par quelqu'un) et prie régulièrement pour que sa fille retrouve sa raison.

Lucille a longtemps cru que sa mère était parfaite, la plus gentille des mamans. Elle pensait que sa mère n'avait pas de chance d'avoir eu une fille comme elle, aussi incapable. Elle comprend maintenant que les choses ne sont pas aussi simples, et que la réalité de la relation est beaucoup moins réjouissante. Elle en veut à sa mère de lui avoir ravi sa vie ; mais elle a toujours du mal à croire qu'elle peut se débrouiller seule. Elle pense toujours que ses échecs sont dus à son incompétence, ce qui l'amène à se déprécier et à penser au suicide. « Je n'ai rien fait de ma vie, je n'ai rien. » Effectivement, Lucille n'a rien, sa mère lui a tout pris.

Ce portrait extrême illustre l'étendue de l'emprise maternelle. Le plus souvent celle-ci est moins prononcée et ses conséquences, l'anéantissement de l'existence de la fille, sont moins graves. « À partir du moment où les parents considèrent leur enfant comme quelque chose qui leur appartient et qu'ils peuvent façonner selon leurs vœux, dès lorsqu'ils se l'approprient d'une manière ou d'une autre, ils interrompent brutalement sa croissance[10] », écrit Alice Miller. L'enfant considéré comme une possession finit par être dépossédé de lui-même.

## Les mères déprimées

Une mère déprimée est une mère triste qui n'a envie de rien, ne s'intéresse à rien et ne trouve aucun plaisir. Elle ne peut s'intéresser à son enfant, s'occuper de lui avec plaisir. Centrée sur sa souffrance, elle est incapable de porter une véritable attention à autrui.

L'enfant comprend la détresse de sa mère, il veut l'en soulager. Il se préoccupera alors plus de sa mère que de lui-même. Mais la dépression ayant d'autres causes, l'enfant ne pourra pas guérir sa mère et en retirera un sentiment d'échec. La mère ne saura pas porter de l'intérêt à son enfant, comme il en a besoin, et ce manque d'intérêt restera gravé en lui. Ce sont des femmes qui disent plus tard en consultation : « Je ne suis pas intéressante ! Je n'ai rien d'intéressant à dire... »

Qu'il est douloureux de vivre avec une mère malheureuse ! La culpabilité est encore une fois présente : la fille pense : « Si ma mère est triste, c'est que je n'ai pas fait ce qu'il fallait pour la soulager, je n'ai pas su la rendre heureuse. » L'enfant croit que les émotions de ses parents, surtout celles de sa mère, sont en relation avec son comportement ; il a le sentiment que le monde qui tourne autour de lui est en lien avec lui ; c'est le sentiment de toute-puissance des enfants qui leur donne l'impression d'être toujours responsables de ce qui se passe à la maison.

Alors, quand une mère est triste, la fille se demande ce qu'elle a pu faire ou ne pas faire pour expliquer cet état maternel. Peut-on supporter la tristesse d'une mère ? On pense que si on avait été une meilleure fille, si on avait su s'y prendre, on aurait pu la soulager. L'enfant se croit tout-puissant. Tout est de sa faute si le monde marche de travers. Il n'a pas besoin qu'on le culpabilise, il se sent responsable tout seul. La culpabilité est déstructurante, dévastatrice. Comment s'autoriser à exister, à être heureuse quand sa propre mère ne le peut pas, et qu'en plus on s'en sent responsable ?

Si une mère déprimée pouvait dire à son enfant de jouir de la vie, le pousser vers les joies du monde extérieur, lui faire comprendre que sa tristesse n'est pas liée à lui, mais est son problème à elle, elle le soulagerait. Mais en est-elle capable lorsqu'elle perçoit la vie comme une souffrance ?

Les parents qui parviennent à déculpabiliser, à expliquer que l'adulte et l'enfant sont bien séparés, que les peines de l'adulte ont des causes qui n'ont souvent rien à voir avec l'enfant, sont structurants. Quel soulagement, s'il arrive à comprendre cela !

La fille ne peut supporter la souffrance de sa mère, parce que cette souffrance l'empêche de lui apporter l'attention dont elle, la fille, a besoin. Elle se sent coupable de ne pas recevoir l'amour dont elle a besoin, elle se sent coupable que sa mère ne soit pas « idéale », comme elle aurait eu besoin qu'elle soit.

> Lise connaît des moments d'angoisse intense. Elle se sent totalement perdue, éperdument seule, aux prises avec une angoisse dévastatrice. Elle se déteste, se sent nulle, ne peut plus se regarder dans une glace. Elle ne comprend pas ces crises qui surviennent sans prévenir, à la suite souvent d'une simple et anodine déception. Ces moments sont pour elle insupportables et lui donnent envie de disparaître, tellement elle ne peut plus se supporter. Pourtant, dans la vie courante, Lise a une vie bien adaptée : elle est étudiante, a des amis, des relations sentimentales pas encore très stables, mais sans plus. Pourquoi passe-t-elle par ces moments de dégoût d'elle-même, ces moments où elle n'est plus capable de se supporter ?
> Lise a eu une enfance compliquée, avec une mère dépressive, qui lui parlait de suicide en permanence. Sa mère attendait beaucoup de sa fille et lui reprochait de ne jamais en faire assez pour elle. Lise a deux frères aînés, sa mère est devenue dépressive après sa naissance. Elle n'en connaît pas les raisons mais elle sait que sa mère déprime depuis qu'elle existe. Elle n'a pas eu besoin de plus pour se sentir fortement responsable de la tristesse de sa mère. Elle voulait la soulager, se préoccupait d'elle pour qu'elle retrouve goût à la vie. Elle pensait que sa mère était triste parce que sa venue l'avait épuisée, elle était l'enfant de trop ! Alors Lise s'évertuait à vouloir rendre vie à sa mère, à lui porter toute son attention, son amour afin de soulager sa mère, mais également pour diminuer sa culpabilité et pour que sa mère devienne enfin une mère pour elle, présente et attentionnée.
> Malheureusement, tous ses efforts ont été vains, sa mère a continué de s'enfoncer dans la dépression, inexorablement. Lise a l'impression d'avoir échoué, elle s'en veut.
> Avec le recul, elle sait maintenant qu'elle n'est pas responsable de ce désespoir, que la souffrance de sa mère est en relation avec

sa propre histoire personnelle, et qu'elle n'a plus à se sentir coupable du malheur maternel. Elle sait que l'on n'est pas responsable de sa venue au monde, ni des conditions délétères du milieu dans lequel on est élevé. Mais ce savoir reste intellectuel, son ressenti émotionnel, son inconscient lui rappellent sans cesse qu'elle se pense responsable de la douleur de sa mère. Elle se culpabilise toujours pour tout, se déteste, ne trouve pas de sens à la vie. Comment Lise peut jouir de la vie, trouver de l'intérêt, se permettre d'être heureuse, alors que la vie est insupportable à sa mère ?

Lise ne comprend pas les raisons de son mal-être, mais elle est persuadée que c'est de sa faute, à cause de ses supposés défauts, qui justifient son dégoût d'elle-même. Quand elle se sent écoutée, comprise par le thérapeute, que sa souffrance est entendue, a une raison d'être, liée, entre autres, à une carence dans l'enfance, Lise peut reconsidérer son vécu avec plus de bienveillance et moins de culpabilité. Le chemin sera long pour reconstruire une estime de soi acceptable, mais elle a besoin de faire ce travail d'introspection pour investir la vie, en dehors du lien à sa mère.

## Les mères rejetantes

Ces mères, pour diverses raisons, ne sont pas capables d'investir leur fille, de lui apporter de l'amour. Elles paraissent mal aimantes, peu présentes, indifférentes, ce qui les différencie des mères dépendantes qui paraissent « aimantes », mais qui aiment mal. Les filles constatent plus facilement ce manque d'amour. Leurs souffrances peuvent être entendues et comprises par le monde extérieur. Malgré cet évident manque d'amour, certaines ont du mal à admettre cette maltraitance, à concevoir qu'elles ont été mal aimées parce que leur mère était une « mauvaise mère » et non parce qu'elles étaient des mauvaises filles.

## L'enfant non valorisant

Contrairement à l'enfant investi pour réparer une faille narcissique, l'enfant qui représente pour sa mère tout ce qu'elle n'aime pas en elle peut être rejeté. Cette mère présente également une carence narcissique, mais plutôt que d'investir son enfant pour la réparer, elle lui en veut, le dénigre en raison de défauts supposés insupportables qu'elle retrouve chez lui.

> Hélène est la seconde et dernière fille d'un couple qui divorce quand elle a 6 ans. Sa mère a toujours préféré sa sœur, de façon évidente. Elle reprochait en permanence à Hélène un tas de choses. Dès la naissance : « Tu étais vraiment laide, ma pauvre enfant. » Elle ne supporte pas la timidité de sa fille, son manque d'assurance, le fait qu'elle ne sache pas se mettre en avant. La mère d'Hélène est une femme qui aime recevoir, qui aime briller en société, qui cherche à être admirée. Son travail n'est pas très valorisant mais elle se débrouille toujours pour se faire valoir, elle a l'art de faire croire aux autres qu'elle est exceptionnelle. Ce que sa fille a cru très longtemps.
> 
> Hélène est une jolie femme qui présente une phobie sociale marquée et handicapante. Elle est paniquée à l'idée de devoir s'exposer au regard des autres, angoisse dans toutes les situations sociales. Elle est intelligente, professeur agrégé de mathématiques, passionnée par son travail. Elle a de bonnes compétences pédagogiques, elle est très concernée par ses élèves, elle est à leur écoute. Mais elle ne voit pas toutes ses qualités ; elle ne voit que son incapacité sociale, ses difficultés à être à l'aise face à ses élèves, sa sensation de perdre parfois ses moyens, ce qui pour elle est le comble de la honte.
> 
> Elle ne se voit qu'avec les yeux sévères et réprobateurs de sa mère. Il lui faudra plusieurs années de thérapie pour commencer à se percevoir autrement, comprendre que sa mère ne l'aimait

pas, non parce qu'elle ne le méritait pas, mais parce que sa fille ne la mettait pas en valeur. Elle a compris que sa mère n'était certainement pas si sûre d'elle et que son besoin d'être admirée en était la preuve. Sa mère ne pouvait supporter les traits de sa fille, qu'elle-même avait dû certainement s'évertuer à combattre chez elle.

Elle a compris qu'elle pouvait s'accepter avec sa timidité qui n'est pas une tare qui la définissait entièrement, mais un trait de sa personnalité. Quand elle a pris un peu plus confiance en elle, quand elle a commencé à pouvoir tolérer ce symptôme et ne plus utiliser toute son énergie à vouloir le combattre (en vain), sa timidité a diminué petit à petit. En commençant à se séparer, à se voir avec ses yeux à elle, sa phobie qui la maintenait reliée à sa mère s'est estompée. C'est sans doute ce lien qui a été le plus difficile à « lâcher ». En restant la petite fille timide qui ne s'aime pas, elle maintenait la forme de lien maternel, même s'il était morbide. Lorsque ni la sécurité intérieure ni l'estime de soi fondamentale ne sont acquises, on s'accroche d'autant plus au lien maternel, façon illusoire mais tenace de croire que l'on n'est pas seul.

En s'acceptant telle qu'elle est, Hélène a prouvé qu'elle pouvait se passer de l'approbation maternelle, qu'elle pouvait se séparer d'elle, y survivre et en tirer des bénéfices.

## *L'enfant « persécuteur »*

Cet enfant est considéré comme responsable de tous les malheurs de sa mère. Insatisfaite, elle investit son enfant du rôle de mauvais objet. C'est lui qui l'empêche de s'épanouir, qui l'empêche d'être heureuse, qui l'oblige à rester avec son mari qu'elle n'aime pas... En somme, cet enfant est responsable de tout ce qu'il y a de mal dans la vie de sa mère. C'est un enfant « pris en grippe », insupportable. Sa mère très dure avec lui le dévalorise et le culpabilise. On imagine les conséquences dévastatrices.

Adèle est étudiante en médecine. Elle vient d'échouer au concours de première année et se sent complètement détruite. Elle souffre depuis plusieurs années de dépression. Elle est l'aînée d'une fratrie de trois. Elle se dénigre énormément, se pense bête, laide, sans intérêt, ne méritant pas d'être aimée. Elle décrit sa mère comme une femme violente qui a toujours préféré ses frères et sœurs. Sa mère la maltraite depuis qu'elle est toute petite, l'accable de reproches, l'investit de défauts épouvantables : sa fille est égoïste, responsable de toutes les disputes familiales, responsable de tout ce qui arrive de mal dans la famille. Elle n'apporte que le malheur et le mérite (ce qu'elle lui dit !). Mais elle est capable parfois de douceur et d'attention (rarement). Alors, Adèle croit que sa mère l'aime et que c'est elle qui est mauvaise et qui mérite d'être maltraitée.
Adèle veut devenir médecin pour aider les autres, pour devenir enfin quelqu'un que sa mère pourrait estimer. Elle ressent peu à peu de la colère contre sa mère, commence à lui en vouloir du mal qu'elle lui a fait. Elle reste encore attachée à sa mère, elle veut lui plaire, elle veut réussir ses études pour gagner son amour. Mais elle sait inconsciemment qu'elle n'y arrivera jamais. Alors, elle préfère « rater », ce qui la laisse dans la position où sa mère l'a mise : une incapable qui ne peut apporter aucune satisfaction, ce qui permet de maintenir le type de lien construit dans l'enfance. Tant qu'elle ne critique pas sa mère, qu'elle lui reste liée, elle ne peut se voir avec d'autres yeux, et cherche chez les autres le rejet, la maltraitance qu'elle pense mériter.

La mère rend responsable son enfant de sa propre souffrance. Dans le cas d'Adèle, sa mère avait une histoire douloureuse : mère très jeune d'un premier enfant avec un homme marié, qui avait vite disparu sans le reconnaître. Elle a élevé et aimé cet enfant jusqu'à sa deuxième année. Mais, sous la pression de ses parents qui craignaient que leur fille ne retrouve jamais de mari avec cet enfant adultère, elle a été obligée de le confier à la DDASS et n'a jamais pu le revoir. Cette séparation forcée l'a beaucoup culpabilisée. Mariée peu de temps après, Adèle est née. Cette petite fille lui rappelait sa douleur, sa faute. Cette enfant avait un droit qui avait été refusé à son fils. Cette femme portait dans ses bras un enfant qu'elle aurait voulu aimer, mais qui réveillait sa souffrance, son abandon. Mauvaise mère, « abandonnante », comment pouvait-elle devenir une bonne mère pour sa fille ? Elle ressentait de l'animosité envers Adèle qui lui rappelait sa faute, elle a projeté son hostilité sur sa fille qui est devenue celle qui la punissait, la persécutait. Adèle, ignorante de ce processus, n'a compris qu'une seule chose : elle n'était jamais comme il fallait, responsable de tous les malheurs, elle s'est sentie rejetée et a toujours pensé le mériter.

## Les différences dans la fratrie

Les parents s'évertuent à vouloir dire qu'ils aiment leurs enfants tous autant et de la même manière. C'est très joli, mais ce n'est pas la réalité. De façon idéale, une mère aimante va aimer ses enfants, en valorisant leurs qualités, en leur portant l'attention dont ils ont besoin. Elle ne les aimera pas pour les mêmes raisons (puisqu'ils sont différents), mais elle saura les aimer chacun suffisamment pour qu'ils prennent conscience de leur valeur. Les enfants le savent très bien : leurs parents ne se sont pas comportés de façon identique avec eux et avec leurs frères et sœurs. Mais quand ils deviendront parents, eux, ils ne feront aucune différence ! Enfants, ils voulaient croire que leurs parents étaient infaillibles, aimants et justes. Si les parents faisaient des différences, c'était de la faute des enfants évidemment !

Les parents aiment différemment parce que les enfants sont différents et vont plus ou moins les satisfaire. « L'inégalité de préférence accordée aux membres d'une même fratrie est une composante probablement inévitable de toute vie familiale, autant que sa dénégation, tant les parents sont censés aimer pareillement tous leurs enfants[11] », écrivent Caroline Eliacheff et Nathalie Heinich. Les conséquences ne sont évidemment pas les mêmes selon que l'on est le préféré ou le vilain petit canard. On connaît les conséquences chez l'enfant qui est le moins aimé. Mais qu'en est-il de l'enfant préféré ?

> Yvonne est la préférée de sa mère depuis toujours, « parce qu'on se comprend, qu'on se ressemble », dit-elle. Elle a une sœur aînée qu'elle juge sévèrement, elle la trouve coléreuse, toujours insatisfaite. Elle comprend très bien sa mère d'avoir eu du mal à supporter sa sœur si difficile. Elle ne se pose pas la question de savoir pourquoi sa sœur était « difficile ». C'était la faute de sa sœur. Point. Elle pense qu'elle, elle était plus posée, plus sage, plus agréable avec sa mère. Elle voulait lui plaire et elle y arrivait. Elle ne s'est jamais opposée à sa mère, gardant ainsi leur relation intacte. Elle se sent toujours très dépendante d'elle et lui demande conseil très souvent. Elle ne trouve rien de gênant dans sa relation à sa mère.
> Pourtant cette absence de distance entre elles deux n'est pas sans conséquences. Elle reproduit à l'identique la vie de couple de sa mère, qui était insatisfaite en mariage. Elle a un mari volage mais supporte ses incartades répétées. Elle a deux filles. Et se compare à elles. Il y en a une qu'elle ne comprend pas, « elle ressemble à mon mari ». Elle reconnaît être rejetante à son égard, s'en veut un peu, mais comprend sa réaction. Elle préfère son autre fille en qui elle se retrouve. Elle ne porte pas de regard critique sur le comportement de sa mère, elle reproduit à l'identique, sans prise de distance, le modèle qu'elle a eu.
> Pourtant elle reconnaît être insatisfaite, aigrie, toujours en colère. Mais elle n'ose pas prendre en main sa vie pour qu'elle devienne satisfaisante. Elle en veut à son mari, l'accuse de lui rendre la vie

difficile (comme le faisait sa mère). Elle ne comprend pas qu'en n'ayant pas pris son autonomie par rapport à sa mère, elle se comporte comme elle. Elle l'idéalise toujours et ne sait pas trouver son épanouissement. L'insatisfaction se transmet de mère en fille.

Être le préféré paraît plus enviable. L'enfant préféré sait qu'il est plus aimé que les autres, mais il sait aussi ce que l'on attend de lui et pourquoi il est plus satisfaisant que les autres. Pour garder sa place, il doit correspondre à l'image valorisée qu'on a de lui. Il peut craindre qu'en s'opposant il rejoigne la position peu enviable de son frère ou de sa sœur. Si bien que s'il ne s'oppose pas, il n'apprend pas à se différencier, ni à se percevoir comme autre, avec ses propres critères définis par lui-même, et non ceux de sa mère. Il n'apprend pas à se séparer et recherche toujours l'approbation maternelle.

Yvonne était la préférée, mais elle savait que l'amour qu'elle recevait était « sous conditions », d'autant plus qu'il n'était pas donné à sa sœur. Elle se devait de rester dans son comportement pour garder l'amour de sa mère. Cela ne la dérangeait pas puisqu'elle était aimée. Mais elle n'a pas pris conscience qu'elle n'a pas acquis la liberté d'être. Elle se définit sans y trouver à redire dans l'harmonie de sa relation à sa mère. En se comportant comme sa mère, elle perpétue la relation, elle consolide ce lien. Est-elle libre ? Est-elle heureuse ?

Aldo Naouri exprime l'idée que dans une fratrie de filles, il y en a toujours une qui est l'« élue ». Elle est celle qui est chargée par la mère d'incarner son prolongement, celle qui lui ressemble et doit lui ressembler. Il parle de « l'injonction de répétition », ce qui signifie que cette fille se doit d'être dans la lignée de sa mère, et répéter son comportement.

« L'injonction de répétition est la manière dont la mère, se projetant littéralement dans sa fille, et assurée de pouvoir en faire son clone, combat la peur de sa propre mort et entretient ainsi le fantasme de son immortalité[12]. »

Certaines, comme Yvonne, peuvent accepter cette situation, et effectivement répéter, à certains égards, l'histoire maternelle. D'autres, conscientes de leur emprisonnement, se rebellent pour retrouver leur liberté. Les sœurs regardent l'« élue » avec envie, regrettant de ne pas recevoir les gratifications de cette dernière. Elles souffrent du manque et s'évertuent à essayer d'obtenir un amour qui ne leur a jamais été destiné. Elles s'efforcent ainsi de maintenir le lien, tentent de convenir, mais toujours en vain. Elles n'ont pas cette place-là et ne l'auront jamais. Mais cette place est-elle si enviable ? Certaines « élues » savent combien elle ne l'est pas.

## Les mères « grandioses »

Toutes les mères impressionnent leurs filles quand elles sont enfants. La petite fille n'a pas tous les atouts que possède sa mère. Puis elle grandit et commence à vouloir rivaliser avec elle. Certaines mères paraissent indépassables, elles sont pourvues de si nombreuses qualités. La fille voue une grande admiration à sa mère, d'autant que l'entourage confirme cette réalité : sa mère est admirée, aimée... Alors la fille se sent toute petite, elle pense qu'elle ne pourra jamais l'égaler, encore moins la dépasser. Elle l'idéalise bien au-delà de la période normale, attestant ainsi de la persistance du lien. Elle n'arrive pas à voir au-delà des apparences, à prendre le recul nécessaire pour porter un regard plus juste sur sa mère. Si elle veut l'égaler, elle devra lutter contre son sentiment d'infériorité, en en faisant toujours plus, pour avoir le sentiment d'avoir de la valeur. Elle aura du mal à sortir de la rivalité, persistant dans l'idée que c'est dans la direction maternelle qu'il faut aller, que là, seulement, se trouve la vraie valeur ! On imagine combien ce sera plus compliqué pour elle, si la mère jouit de sa supériorité et n'entend pas la lâcher. Elle risque de se sentir définitivement inférieure, perdante, sans valeur.

> Hélène a toujours été impressionnée par sa mère qui savait être admirée, complimentée. Elle se souvient de fêtes organisées par sa mère. Au moment de partir, les convives venaient la voir pour lui dire à quel point elle avait de la chance d'avoir une mère aussi admirable. La comparaison l'amenait toujours à se déprécier. Comment pouvait-elle rivaliser avec sa mère sans se sentir perdante ? Elle ne possédait pas ses qualités de représentation, et de plus sa mère le lui reprochait et ne l'aimait pas pour cela. Tout concourait à lui faire croire qu'elle n'avait aucune valeur sans les qualités valorisées chez sa mère.
> C'est en commençant à se considérer autrement, sans s'arrêter sur les caractéristiques où la comparaison la laissait inférieure, qu'elle a pu discerner chez elle d'autres qualités. En portant un regard plus objectif sur sa mère, ses compétences et ses incapacités, elle a pu s'extraire de la comparaison, et gagner en objectivité sur elle-même. Elle a pu enfin reconnaître et apprécier ses qualités, que sa mère n'avait jamais su mettre en lumière.

## Les mères rivales, jalouses

### Les mères jalouses

« Qui manifestent du dépit devant les avantages des autres[13]. »

La petite fille regarde avec admiration sa mère qui possède tous les attraits de la féminité, la capacité de se débrouiller seule. Au-delà de la rivalité œdipienne, la comparaison ne joue pas en sa faveur. Elle peut ressentir de la rivalité, mais elle sait que pour l'instant, elle n'a pas les armes pour lutter. On conçoit que la fille puisse être jalouse de sa mère à divers degrés. La mère, quand sa fille est petite, peut ressentir de la rivalité en lien avec le père, mais en ce qui concerne la comparaison avec sa fille, elle est gagnante. À cette période de la relation mère-fille, les avantages sont plutôt du côté de la mère.

Mais la relation évolue, la fille grandit. Elle se féminise, acquiert de l'indépendance. Les avantages se déplacent progressivement vers la fille. Et c'est bien ainsi. Il y a un passage de relais qui doit s'opérer. La mère qui perd un certain nombre d'atouts doit pouvoir en admirer l'émergence chez sa fille. Si elle s'en réjouit, se sent comblée de voir sa fille s'épanouir, devenir belle, féminine, sexuelle, cela l'encouragera dans son évolution. La rivalité qu'elle ressentait petite se mue en reconnaissance et en gratitude.

Mais parfois, la rivalité maternelle s'impose. La mère, comme la marâtre de Blanche-Neige qui ne supporte pas que sa fille devienne plus belle, veut détruire sa fille. La marâtre est « extrême », symbolisant la mère jalouse et vengeresse. À différents degrés, la mère jalouse s'évertue à empêcher sa fille de prendre l'avantage. Ce sont des mères qui critiquent sans cesse leur fille, qui ne supportent pas qu'elle devienne féminine, qu'elle ait une vie sexuelle. Elles se comportent en séductrices vis-à-vis du compagnon de leur fille ou bien le dévalorisent lui aussi. Elles n'arrivent pas à accepter que leur fille possède ce qu'elles n'ont pas, ou plus. Elles sont en rivalité avec leur fille, et tous les moyens sont bons pour l'empêcher d'accéder à un statut identique au leur.

S. de Beauvoir décrit avec talent et sans complaisance la jalousie des mères : « Elle (la mère) est doublement jalouse du monde qui lui prend sa fille, de sa fille qui en conquérant une part du monde la lui vole[14]. » « À cette nouvelle venue s'offrent, contre la répétition et la routine qui sont le lot de l'aînée, des possibilités encore indéfinies ; ce sont ces chances que la mère envie et déteste ; ne pouvant les faire siennes, elle essaie souvent de les diminuer, de les supprimer ; elle garde sa fille à la maison, elle lui refuse tous loisirs, elle entre dans des colères sauvages si l'adolescente se maquille, si elle "sort" ; toute sa rancune à l'égard de la vie, elle la tourne contre cette jeune vie, elle tourne en ridicule ses initiatives, elle la brime. [...] Mais pourquoi cette autre femme jouirait-elle d'avantages qui lui sont refusés[15] ? »

La fille connaît le regard désapprobateur et critique de sa mère, elle sent que la rivalité est du côté de la mère et doit le rester. Si elle rivalise, elle risque de perdre sa mère.

Ces filles manquent de confiance en elles, en leur féminité ; elles sont mal à l'aise avec les autres femmes qui sont de potentielles rivales qui risquent à nouveau d'en faire des perdantes ; et qui plus tard risquent de voir en leur fille qui grandit une rivale. Répétition de l'attitude maternelle. C'est un cycle sans fin de mères jalouses en filles dévalorisées qui deviennent à leur tour des mères jalouses. Si la rivalité ne se situait pas du côté de la mère, elle permettrait à la fille de dépasser sa propre rivalité et non de la refouler. La fille pourrait alors s'épanouir sans culpabilité en connaissant ses capacités et ses défaillances, sans croire que ses capacités puissent nuire aux autres femmes ou que les autres femmes puissent la déposséder de ce qu'elle a.

C'est la jalousie des mères qui rend leurs filles jalouses. C'est le pouvoir qu'elles ne laissent pas à leurs filles qui les dépossèdent. Frustrées par leur mère, elles se dévalorisent et craignent de chaque autre femme d'être dépossédée à nouveau de quelque chose (elles se sentent moins belles, moins séduisantes, l'autre femme peut leur prendre leur mari…).

Lorsque nous ressentons de la rivalité envers notre fille, demandons-nous si notre mère a accepté nos capacités en s'en réjouissant, ou si au contraire elle se sentait menacée par notre évolution, et ne pouvait pas supporter notre épanouissement. Sa propre rivalité ne nous a-t-elle pas empêchée de dépasser la nôtre et de la transformer en gratitude ?

La rivalité chez la fille est saine, ce qui n'est pas le cas chez la mère. Être compétitif est sain, si ce n'est pas un désir de dominer l'autre, de le détruire. Avoir besoin de dominer l'autre à tout prix signifie ne pas supporter que l'autre puisse avoir quelque avantage, quelque pouvoir. C'est la crainte d'être anéanti par l'autre. Une mère ne doit pas se sentir blessée ou agressée lorsque sa fille veut l'égaler, séduire, avoir les mêmes atouts qu'elle. C'est un processus normal, réjouissant pour son avenir. Ça l'est beaucoup moins si la mère l'en empêche !

> Fabienne a beaucoup de mal à considérer sa mère avec un sens critique. Elle s'avoue très jalouse, de toutes les femmes « à peu près bien ». C'est pourtant une jolie femme, mais elle est incapable de se voir ainsi. Elle ne supporte pas que son mari puisse regarder une autre femme, persuadée qu'il est fasciné par elle, et qu'elle, elle n'existe plus. Son mari a pourtant conscience de la jalousie de sa femme, et fait attention à ne pas avoir des attitudes qui la fâchent. Mais elle trouve toujours matière à l'accuser de « mater », elle estime que son mari aimerait bien coucher avec toutes ces femmes, s'il le pouvait. Ces femmes sont potentiellement capables de la déposséder de sa faible estime soi, et de lui ravir son mari.

Quand je demande à Fabienne si sa mère n'est pas jalouse d'elle, elle répond avec assurance par la négative. Quand je l'interroge sur sa mère, j'apprends que celle-ci ne voulait pas de fille, qu'elle a toujours préféré ses fils. Elle était assez distante avec sa fille dans sa petite enfance, plutôt dévalorisante et cassante. Elle ne supportait pas que sa fille puisse aimer son père, critiquant leur relation : « Moi, on me met toujours à l'écart », disait-elle. Quand Fabienne a commencé à avoir des relations sentimentales, sa mère se comportait toujours en séductrice. Il fallait qu'elle soit toujours au premier plan, elle voulait toujours se sentir plus attractive et séduisante que sa fille. Quand Fabienne a eu son premier fils, sa mère s'en est beaucoup occupé : « J'avais l'impression qu'elle voulait l'accaparer, que c'était devenu son fils », dit-elle sans animosité. Aujourd'hui sa mère continue de lui faire des reproches incessants : « Je suis habituée, cela me paraît normal », elle s'occupe mal de ses enfants, elle ne s'occupe pas assez de sa mère…

« Heureusement que je n'ai pas eu de fille. Je n'aurais pas pu le supporter. Elle aurait été une rivale », dit Fabienne sans y réfléchir. La similitude avec sa mère ne lui saute pas aux yeux. Et pourtant !

La mère de Fabienne est en rivalité œdipienne avec sa fille, dès son plus jeune âge. Elle ne supporte pas que son mari regarde sa fille. Elle dévalorise en permanence sa féminité, qu'elle trouve trop ceci ou pas assez cela. Elle veut garder le pouvoir et a tendance à vouloir la déposséder de tout ce qu'elle a : ses relations aux hommes, ses fils… Lorsqu'elle les a sous son emprise, elle les valorise, mais lorsqu'ils sont avec leur mère, ils deviennent critiquables.

Il y a quelques années, le frère de Fabienne est mort. « Quand je pense que mon fils si gentil est mort, et que le tien est si difficile… », dit la mère à sa fille qui lui confie ses problèmes avec son fils. Comparaison, rivalité, destruction. La mère préférerait la mort du fils de sa fille qui ne mérite pas de vivre, contrairement au sien… Fabienne souffre du comportement de sa mère, mais le justifie en permanence : « Je suis pareille qu'elle. »

## « *Le ravissement de Lol V. Stein* »

Ce roman de Marguerite Duras[16] montre la capacité d'une mère à voler la vie de sa fille, et, surtout, la capacité de la fille à la laisser faire.

Le roman raconte l'histoire tragique d'une jeune fille, Lol V. Stein, qui s'éprend d'un jeune homme, mais qui, lors d'un bal de l'été, se voit ravir son fiancé par une femme plus âgée. Cette femme mûre la dépossède de ce qu'elle a, mais Lol ne réagit pas, elle reste dans le ravissement de cette femme plus âgée à qui elle laisse tous les droits.

Par la suite, elle épouse un homme qui l'aime pour sa douceur, son « effacement continuel ». Elle vit une vie ritualisée à l'extrême, où le plaisir n'affleure pas. C'est lorsqu'elle rencontre un autre homme, Jacques Hold, qui semble plus à même de comprendre son drame, qu'elle s'approche de sa vérité, qu'elle amorce un cri de douleur, qu'il ne sera malheureusement pas capable d'entendre.

La femme plus âgée s'apparente à la mère. Elle dépossède sa fille de son amant, de sa personnalité. Lol n'a pas de réaction face à ce rapt, cette dépossession d'elle-même, elle reste comme subjuguée par cette mère qui l'éblouit. Lol est ravie, dans les deux sens du terme. Sa vie est ravie, enlevée par sa mère ; et Lol est ravie, éblouie, émerveillée par sa mère. C'est ce mot qui désigne à la fois le rapt et l'émerveillement du rapt qui fait sens par sa contradiction.

Lol laisse sa mère la déposséder d'elle-même sans réagir, sans souffrir, mais en restant dans l'admiration de sa mère. Seule l'expression de sa souffrance, le cri, la colère pourrait la rendre vivante, encore faudrait-il qu'ils puissent être entendus.

« Le ravissement est l'état d'oubli de soi devant l'image d'une autre femme plus mûre, désirée par un homme qui, par son éblouissement, capte tout ce qu'il y a de désir et maintient la fille inaccomplie en position d'enfant[17] », écrit Marie-Magdeleine Lessana. Elle compare Jacques Hold à l'analyste qui aurait pu sauver Lol, lui rendre son existence, s'il avait pu entendre son cri et non « le prendre comme un point d'horreur ».

Marguerite Duras dit que son roman parle « de la dépersonne, de l'impersonnalité ». Lol est effectivement dépossédée d'elle-même, de son existence. Sa mère, ou sa représentation dans le roman, en est responsable. Mais c'est surtout l'absence de réaction de Lol qui l'anéantit.

Lol est dépossédée de sa vie par sa mère et reste en admiration devant elle. C'est cette évidente contradiction que le roman met en lumière. Dans la réalité, la fille ne se rend pas compte de sa dépossession, de son oubli de soi, c'est pour cela qu'elle peut rester admirative de sa mère qui la dépossède. C'est en comprenant ce que sa mère est en train de faire, qu'elle peut se débattre, lutter et survivre. L'idéalisation de sa mère l'aveugle et la conduit à accepter de se sacrifier. Son absence d'esprit critique l'aveugle et l'empêche de se rebeller. Le lecteur comprend l'ignominie de la situation. Seule, Lol ne s'en rend pas compte. Et c'est son drame.

C'est un homme, s'il est capable d'entendre le cri de Lol, sa rébellion, sa souffrance, qui peut empêcher sa dépossession par sa mère. On pense au père ici, qui par sa présence, et par la compréhension de ce qui est en train de se jouer, peut aider sa fille à réagir afin de ne pas se laisser éblouir par sa mère, ni se laisser déposséder d'elle-même.

Duras a confié, lors d'un entretien avec Bernard Pivot que, pour elle, l'écriture était la seule chose qui puisse être plus forte que sa propre mère. La seule façon pour elle de rivaliser avec sa mère si « toute-puissante » était d'écrire, de reconnaître le risque d'anéantissement et de s'en défendre par l'écriture. Duras n'est pas Lol, car « elle écrit, elle est cri ».

CHAPITRE 5

# *Les filles qui souffrent*

Parfois la fille devenue adulte se sent mal dans sa peau, souffre. Elle ne comprend pas l'origine de ses difficultés, et se sent la plupart du temps fautive, puisqu'elle se mésestime. Essayer de comprendre pourquoi elle en est arrivée là passe par une analyse des relations qu'elle entretient avec sa mère, même si cela n'est pas l'unique difficulté. Elle n'est pas la seule en cause bien évidemment. Tout du moins, quand une femme a des difficultés, et nous allons voir lesquelles, la relation à la mère doit interroger.

## Les troubles psychologiques

Les troubles dont nous allons parler ne sont pas spécifiquement féminins. Il s'agit principalement de troubles du narcissisme (manque d'amour à l'intérieur de soi) qui compliquent le processus de séparation. Lorsque la sécurité intérieure, l'estime de soi fondamentale ne sont pas acquises, on risque d'autant plus de ne pas lâcher le lien à la mère, même s'il est morbide. La séparation est alors d'autant plus difficile à effectuer. Les troubles décrits ici surviennent chez l'enfant lorsque la mère « est non seulement incapable de prendre en charge les fonctions narcissiques de l'enfant, mais qu'elle a de plus elle-même des besoins narcissiques insatisfaits[1] ».

## *La mauvaise estime de soi, le faux-self*

Il s'agit ici de la fille qui présente un narcissisme défaillant. Elle a une très faible estime d'elle-même, elle n'a pas confiance en elle. Elle se sent très seule avec sa souffrance et a le sentiment que personne ne peut la comprendre. Elle se sent inintéressante et pense être incapable d'être aimée. D'ailleurs la réalité vient la conforter dans ses impressions : elle se met à l'écart, et personne ne s'intéresse à elle. Par manque de confiance en elle, elle n'entreprend rien qui pourrait la valoriser, n'arrive pas à obtenir ce qu'elle veut. Elle ne sait pas trop ce qu'elle veut, elle voudrait qu'on l'aime, mais elle a vaguement l'impression de ne jamais y arriver.

On retrouve souvent dans l'enfance de cette fille une mère qui était elle-même en souffrance, de façon plus ou moins évidente. Cette mère n'a pas été capable d'apporter à sa fille ce dont elle avait besoin. Elle ne pouvait lui apporter l'attention, la sécurité, la valorisation. En d'autres termes, cette mère n'a pas pu lui apporter la nourriture essentielle et vitale pour qu'elle puisse développer un narcissisme sain, l'« amour » structurant qui lui aurait permis de s'aimer elle-même.

Comme on l'a déjà dit, cette mère pouvait « trop » s'occuper de sa fille, mal, ou être franchement rejetante. Mais chaque fois, le problème est le même : la mère n'a pas pu apporter à sa fille l'essentiel, *l'amour que l'on intègre à l'intérieur de soi.*

La fille dépend alors de cet amour qui lui a manqué, elle le recherche sans cesse, puisqu'elle ne l'a pas à l'intérieur d'elle. Elle veut plaire à sa mère, elle veut plaire aux autres. Mais elle, elle ne se plaît pas.

Lorsque la mère investit sa fille dans le but de trouver des gratifications personnelles, la fille ne ressent pas qu'elle est aimée pour elle-même, pour ses qualités, qu'elle est intéressante. Elle apprend à correspondre au désir de sa mère. Elle peut se croire aimée, entourée, encouragée ; mais elle se sent vide, elle n'a pas pu se construire son propre narcissisme.

Winnicott parle de « faux-self[2] », c'est-à-dire que la fille s'est construite une fausse identité pour faire plaisir à sa mère, où il n'y a pas trace de ses désirs à elle. D'autres psychanalystes emploient le terme de personnalité « *as if* » (« comme si »), comme si cette personnalité était vraie, mais en fait elle est factice, c'est une façade ; derrière il n'y a rien.

L'enfant apprend très vite à savoir ce qui est toléré et ce qui ne l'est pas, ce qu'on attend de lui. Il réprime ses sentiments qui ne peuvent être entendus ; il ne peut les vivre si sa mère ne les accepte pas, ne peut les supporter. Il apprend à se conformer à ce qu'on attend de lui : être présent pour sa mère, être restructurant pour elle, correspondre à ses désirs. Il refoule tout ce qui peut l'éloigner de l'intérêt de sa mère. Il refoule son vrai soi qui ne peut se construire. « Le vrai soi est dans un état de non-communication », écrit Winnicott. Le vrai soi reste dans l'inconscient et ne se développe pas. Alors la fille adulte a un sentiment de vide, de non-appartenance.

L'enfant ne connaît pas ses vrais besoins, ce qu'il désire pour lui. Il va se structurer pour satisfaire les attentes de ses parents. Mais les attentes narcissiques parentales, de la mère en particulier, ne peuvent être satisfaites (puisqu'elle demande à son enfant de lui apporter ce qui lui manque à l'intérieur d'elle-même, son amour-propre, demande déplacée et sans limites) : l'enfant alors se sent coupable de ne pas correspondre à ce qu'on attend de lui.

« Beaucoup d'êtres humains gardent toute leur vie ce sentiment de culpabilité, ce sentiment de ne pas avoir répondu à l'attente de leurs parents. Ce sentiment est plus fort que toute conviction intellectuelle que ce ne peut pas être le devoir de l'enfant de satisfaire les besoins narcissiques de ses parents[3] », écrit A. Miller.

## La culpabilité

La culpabilité est le sentiment désagréable d'avoir commis une faute. C'est une compagne très fréquente de la mauvaise estime de soi. La culpabilité normale survient suite à une faute réelle, un préjudice causé à autrui, et vient structurer la personnalité dans le respect de l'autre et la prise en compte de son existence. Il est normal de culpabiliser si on vient d'emboutir la voiture du voisin, si on a oublié un rendez-vous, ou si on ne tient pas ses engagements. Mais la culpabilité pathologique s'immisce partout, envahit le champ psychique. La personne s'en veut pratiquement tout le temps : « Mon mari a l'air soucieux, j'ai dû certainement faire quelque chose pour qu'il soit ainsi. Ma fille est triste, c'est sûrement en relation avec mes soucis du moment. Elle a des mauvaises notes, c'est normal, je ne m'occupe pas assez d'elle. Une amie a des problèmes, je ne suis pas assez présente, je m'en veux de ne pas lui consacrer assez de temps… » La personne se sent responsable de tout, mais surtout lorsque sa responsabilité n'est pas engagée. Ces personnes coupables ont eu dans leur enfance des parents culpabilisants, soit qu'ils l'étaient ouvertement, soit de manière plus subtile. Par exemple, une mère qui manipule sa fille pour obtenir ce qu'elle veut, en la culpabilisant. « Ce que tu fais me fait de la peine, me rend triste. » « Je t'ai tout donné, et voilà ce que tu me fais. » La notion de sacrifice maternel installe automatiquement la culpabilité de la fille. La notion de faute, l'idée d'être responsable de tout ce qui va mal s'enracinent alors profondément.

Cette responsabilité surdimensionnée renvoie à un fantasme de toute-puissance. Quand nous étions enfants, nous pensions être au centre du monde, et que tout ce qui se passait à la maison avait toujours un rapport avec nous. Nous nous sentions toujours responsables des émotions circulant autour de nous. Si notre éducation n'a rien fait pour nous en dissuader, mais au contraire a renforcé notre propension naturelle, nous restons dans notre fantasme de toute-puissance, et notre culpabilité étouffante. Il faut comprendre que c'est par un renoncement à ce fantasme, la prise de conscience de nos limites, l'acceptation de notre impuissance qui recadre la répartition des responsabilités.

Nous avons notre responsabilité, mais il serait temps de redonner à l'autre la sienne.

Se décentrer de soi permet de reconnaître que l'autre a sa propre responsabilité. Nous pensons que notre mère est malheureuse, et nous nous sentons coupables. C'est son discours qui nous a amené à penser cela. Mais c'est oublier que notre mère est une adulte, responsable, et que si elle est malheureuse, cela a à voir avec elle. Culpabiliser les autres, c'est se décharger de sa responsabilité, et faire croire qu'il y a deux catégories d'individus : les victimes et les coupables. La réalité est tout autre : chacun est responsable de sa vie, et faire croire à l'autre qu'il est responsable de notre vie relève de la manipulation.

La solution consiste donc à cesser de nier la réalité, à réhabiliter les autres comme personnes douées de liberté de choix. Il est temps d'accepter nos limites et reconnaître une juste répartition des responsabilités entre les différents protagonistes d'une situation.

## Dépression et grandiosité

La dépression se traduit par des sentiments de vide intérieur, de solitude, d'absence d'envie.

« La dépression se révèle toujours être liée, me semble-t-il, à la tragédie de la perte du soi, ou de l'aliénation du soi[4] », écrit A. Miller. À l'opposé, l'être grandiose se défend contre ce vide et a besoin de se sentir supérieur aux autres, d'être admiré, pour ne pas se sentir inexistant. La fille a besoin d'être admirable, mais si une de ses qualités lui fait défaut, alors c'est la dépression profonde qui survient. La fille grandiose recherche l'admiration pour avoir le sens de sa valeur. Elle dépend de l'autre pour combler un manque narcissique. Si l'autre ne la regarde plus, elle n'est plus rien. Elle s'est construit un « idéal » d'elle-même, qu'elle pense seul capable d'être valable et de mériter d'être aimé. Alors, elle doit être la plus belle, celle qui attire tous les regards, ou qui réussit le mieux ce qu'elle entreprend. Professionnellement, elle a besoin de croire qu'elle est la meilleure. Elle a besoin de se sentir supérieure aux autres, pour avoir le sentiment qu'elle vaut quelque chose. Elle a besoin de dominer l'autre sinon, quand elle se sent inférieure, elle ne se sent plus rien.

Elle est très exigeante envers elle-même, elle se fixe des objectifs parfois élevés qui ne peuvent pas toujours être atteints. Quand elle ressent son impuissance, elle se retrouve confrontée au sentiment contre lequel elle lutte : le sentiment de ne rien valoir.

La personne dépressive comme la personne grandiose sont dépendantes de l'autre. « L'être grandiose et le dépressif ont le même besoin compulsif de remplir inconditionnellement les vœux de leur mère introjectée ; mais, tandis que l'être grandiose est l'enfant réussi de sa mère, le dépressif se voit plutôt comme le raté[5] », poursuit A. Miller.

La fille grandiose se sent exister quand elle est admirée, mais ne se sent plus rien quand les regards se détournent. La fille dépressive croit en permanence qu'on ne l'aime pas. Les deux ne s'aiment pas et croient que les autres peuvent changer cela. Elles doivent comprendre que l'autre ne sera jamais leur mère. Elles doivent trouver en elles-mêmes, grâce à elles seules, les moyens de réparer leur narcissisme défaillant. L'autre peut leur faire du bien à condition qu'elles n'en attendent pas un amour absolu, sans limites. L'amour adulte sain est plus nuancé, forcément imparfait. Si vous attendez de l'autre un amour « idéal », omniprésent, qui vous donne l'impression d'être le centre de ses préoccupations, qu'il ne vit qu'à travers vous, vous serez définitivement et à tout jamais déçues et insatisfaites.

## Le sentiment intérieur de solitude

La capacité de pouvoir supporter la solitude est un élément de structuration saine de l'individu[6]. L'individu, pour tolérer la solitude, doit en quelque sorte ne pas se sentir seul à l'intérieur. C'est ce que disent d'ailleurs les patients carencés. Ils se sentent vides à l'intérieur d'eux-mêmes, ils recherchent la compagnie pour lutter contre cette solitude, mais cela ne les satisfait ni ne les répare jamais vraiment, car la solitude dont ils parlent, renvoie à une carence de l'enfance, où ils n'ont pu incorporer l'autre, son affection, qui était déficiente. Cette incorporation d'amour primordiale leur a fait défaut, et le vide affectif à l'intérieur a pris place. C'est ainsi que le sentiment de solitude renvoie à ce même sentiment éprouvé dans l'enfance, où la mère, insuffisamment présente dans le psychisme de l'enfant en formation, n'a pu le sécuriser. L'enfant n'a pas pu intégrer à l'intérieur de lui-même la personne aimante, parce qu'elle n'était pas là. Il n'a pas acquis la sécurité affective parce qu'il ne l'a pas reçue. J'entends le sentiment structurant d'être aimé, accompagné, compris et de le mériter. Si on ne le reçoit pas, on ne s'aime pas, on pense ne pas mériter d'être aimé.

Se sentir seul, c'est ne pas avoir le sentiment de la valeur de son existence sans l'autre, c'est se sentir en insécurité, c'est avoir un moi mal structuré qui reste dépendant de l'autre.

Cela peut amener la personne à toujours chercher à être connectée, en relation avec quelqu'un pour agir. Cette forme de dépendance peut amener à ne prendre de plaisir qu'avec l'autre. Les satisfactions n'existent qu'en sa présence. La fille n'a jamais pu connaître de satisfactions hors de la présence de sa mère, et se trouve désemparée et angoissée quand elle est seule. Elle a besoin de la présence de son compagnon, ou de sa fille, pour se sentir exister.

> Susie ne peut rester seule sans être angoissée. Il faut qu'elle soit avec son mari ou avec sa fille. Elle ne fait des activités que si elle est accompagnée de l'un ou de l'autre. Elle ne conçoit pas de plaisir sans la présence de l'un d'eux. Sa mère ne pouvait pas vivre sans elle, elle était très anxieuse dès que sa fille s'éloignait. Par l'exemple de sa mère, par sa propre expérience de non-prise d'autonomie, Susie ne sait pas vivre sans être dépendante, et amène sa fille à dépendre d'elle.

## Les phobies

Le trouble narcissique peut s'accompagner de symptômes tels que les phobies, qui sont des peurs irrationnelles face à des dangers imaginaires : peur du regard des autres (phobie sociale), phobie des transports, peur de la foule (agoraphobie). Ces craintes peuvent amener le sujet à ne plus sortir de chez lui, à rester « en sécurité ». La phobie est un « mécanisme de déplacement » qui disperse l'anxiété, de telle sorte que la peur originelle se reporte sur des substituts de plus en plus éloignés et illogiques.

Ces peurs sont souvent accompagnées de l'angoisse de se retrouver seul, sans personne sur qui compter. Par exemple, le patient est terrorisé à l'idée de prendre les transports, son angoisse diminue s'il est accompagné. Ces peurs renvoient à une dépendance à l'autre, lorsque l'individu reste à un stade non séparé. Lorsque l'enfant commence à explorer le monde, il se sépare progressivement de sa mère. Il a peur de l'inconnu, de la nouveauté, il a peur de faire les choses seul. Si sa mère l'encourage, ne le retient pas, elle facilite le processus d'autonomisation, et la peur diminue au fur et à mesure de ses progrès. Si par contre la crainte l'emporte, la dépendance persiste et la séparation est compromise. L'enfant reste en sécurité relié à sa mère et n'ose plus s'aventurer. Les craintes de l'inconnu risquent de se transformer plus tard en phobies diverses, où l'on retrouve la peur de dangers irrationnels, la dépendance, l'angoisse de ne pas y arriver seul.

On peut émettre l'hypothèse que la phobie est une maladie de la séparation. « Les situations qui induisent la séparation obligent à reconsidérer et même, le plus souvent, à reconstruire une identité dont un élément s'est détaché ; s'offre alors à l'être humain la solution, bien peu confortable, de s'évanouir dans le vertige phobique[7] », à savoir rester à un stade où la peur persiste et ne se dépasse pas. La phobie s'installe comme pour maintenir et entretenir la dépendance. C'est la dépendance, qui signifie l'angoisse de séparation, qui est indépassable. Pourquoi la séparation effraie-t-elle tant ?

La fille a besoin de se séparer de sa mère pour dépasser ses peurs, pour acquérir son autonomie. Si elle reste accrochée à sa mère, elle n'affronte pas la réalité extérieure et n'apprend à rien surmonter. À l'âge adulte, les peurs, les phobies symbolisent une séparation d'avec la mère qui n'a pas pu se faire.

La personne phobique ne s'aime pas, elle n'a pas acquis un niveau de confiance suffisant lui permettant d'affronter la séparation. Elle persiste dans le fantasme infantile de trouver enfin l'amour de sa mère qui lui aurait permis de s'aimer elle-même. La personne phobique cherche toujours l'approbation des autres, elle a une peur panique de ne pas être appréciée. Elle reste dans un état de dépendance, qui lui permet de garder l'illusion d'acquérir l'amour structurant qui lui a tellement manqué. « L'état phobique est une pathologie du narcissisme primaire, elle renvoie à l'inséparable. [...] Le travail de séparation ne peut s'effectuer que par la levée du refoulement où le sujet prend conscience de la place qu'il tient au sein de la structure familiale. *Cette place l'empêche de s'aimer lui-même, parce qu'il est dans l'identification à l'autre comme non séparé*[8]. »

La personne phobique doit s'interroger sur les raisons qui l'empêchent d'oser être elle-même. Si elle ne peut être indépendante, c'est qu'elle reste accrochée à sa place de petite fille, qui la maintient dépendante de l'autre. Celle qui ne cherche plus à plaire à sa mère, à plaire aux autres, qui s'autorise à être ce qu'elle est n'est pas dépendante de ce que pensent les autres, elle accède à un niveau d'indépendance où la phobie n'a plus lieu d'être.

## *La colère, la porte fermée*

Il y a des femmes qui se sentent toujours en colère contre les autres qui ne les satisfont pas. Elles sont incapables de trouver que l'autre puisse être aimant, bon, bienveillant. Surtout quand cet autre est proche affectivement, comme le mari, l'enfant. Elles lui en veulent de tout et de n'importe quoi ; l'autre est toujours critiqué.

En fait, ces femmes sont persuadées qu'elles ne méritent pas d'être aimées. Elles n'ont pas reçu un amour « suffisant » dans l'enfance et se sont structurées sur cette idée que l'autre ne peut pas leur faire de bien. L'autre ne peut pas les aimer, et ne peut que leur faire du mal. Cet autre, incapable de leur apporter ce qu'elles attendent, elles veulent parfois le dominer, l'amoindrir et pensent amenuiser son pouvoir. Car c'est bien le pouvoir de l'autre qui leur fait peur : peur d'être rejetées, peur de souffrir.

Elles ont appris à se défendre contre ce pouvoir en « fermant leur porte », plus aucune sensation d'amour ne passe ; ainsi, elles ne sont plus déçues. Mais en ne recevant plus rien, elles ne sont plus capables de donner. Elles ne savent pas aimer, être bienveillantes, penser et vouloir le bien de l'autre. Elles se sont enfermées en elles-mêmes, convaincues que les autres sont mauvais, capables de faire du mal. Mais elles en souffrent...

C'est en comprenant pourquoi elles envisagent toujours l'autre comme « mauvais », qu'elles peuvent commencer à s'ouvrir à l'autre, recevoir et se nourrir de son affection. Elles acceptent alors l'idée que l'autre puisse ne pas être parfait, qu'il puisse être maladroit, parfois blessant, mais néanmoins aimant et bienveillant. En ouvrant la porte, elles apprennent que recevoir et donner peut faire du bien. Elles acquièrent alors une meilleure image d'elles-mêmes, apprennent à s'aimer en étant aimantes et bienveillantes, alors qu'elles se détestaient en étant hostiles et critiques.

Melanie Klein, dans « Envie et gratitude[9] », explique l'origine de la colère et de l'incapacité à considérer l'autre comme bon.

Durant l'enfance, l'enfant est totalement dépendant de sa mère, de son amour. Il ressent du plaisir, mais aussi de la frustration. Sa mère ne peut pas le combler en permanence. Et cela le met très en colère ; il en veut à sa mère du pouvoir qu'elle a sur lui. Il peut être en rage devant cette mère qui peut être bonne comme mauvaise. Elle développe à ce sujet le concept d'*envie* : l'enfant (le bébé) va être *en rage contre cette mère qui a le pouvoir* de lui donner ou non l'amour (le sein). Selon sa théorie, c'est l'envie qui empêche l'enfant d'intégrer ce qu'il y a de bon en sa mère. L'envie compromet l'édification d'un moi stable et fort en empêchant l'instauration d'une relation sécurisante avec la « bonne » mère. Elle souligne l'importance de l'environnement affectif de l'enfant pour expliquer la persistance de l'envie, de la colère et ainsi la difficulté pour l'enfant d'établir un moi sain[10].

Si la colère prédomine, c'est que les frustrations sont trop importantes, ou plus exactement qu'il y a un trop fort décalage entre ce que l'enfant attend et ce qu'il reçoit.

Envahi par la colère contre l'autre et le manque d'amour, l'enfant apprend à ne pas ressentir de bien-être face à l'autre. Si un enfant n'a pas reçu sa « dose » essentielle d'amour, il peut être envahi par la colère, et ne sera plus capable plus tard de bénéficier de l'amour prodigué par autrui. L'autre sera toujours perçu comme mauvais et détenteur du pouvoir de faire souffrir.

L'enfant peut vouloir se défendre en détruisant l'autre, mais cela ne règle pas son « manque d'amour de soi », bien au contraire. Il s'en veut encore plus, et s'en aime d'autant moins. Si l'enfant reste fixé sur son ressentiment, sur sa colère, aucune satisfaction, aucune jouissance n'est possible. Mais il n'est pas capable non plus de bénéficier de ce qu'on peut lui donner. L'envie, la colère l'empêchent de recevoir, d'incorporer ce qui pourrait lui faire du bien.

C'est ainsi qu'on voit des femmes établir des relations où la colère, la jalousie, l'envie prédominent. Elles en veulent aux autres de leurs propres insatisfactions, elles sont destructrices, dominatrices, dans le sens où elles ne veulent plus laisser le pouvoir aux autres sous peine de se sentir anéanties.

Par contre, si l'enfant investit l'autre comme « bon », il peut être capable de gratitude, puis de donner de l'affection à l'autre. « Le sentiment de gratitude est un dérivé important de la capacité d'aimer ; il est essentiel à l'édification de la relation au bon objet et nécessaire à la reconnaissance de ce qu'il y a de "bon" chez les autres et chez soi-même[11]. » L'enfant capable de gratitude parvient à établir une relation stable et saine avec l'autre (sa mère). Il peut surmonter les états passagers de colère et de rancune inévitables dans toute relation maternelle. Ces états étant transitoires, il retrouve la « bonne » mère, ce qui lui permet d'édifier une personnalité saine, capable d'aimer et de se sentir aimé.

La gratitude ressentie rend capable l'individu de générosité, le rend capable de créativité, et de pouvoir jouir de la vie.

Lorsque notre enfance nous a enfermés dans la douleur et le ressentiment, comprendre l'origine de nos colères et les dépasser permet d'apprendre *à avoir confiance en l'amour de l'autre, de ressentir de la gratitude, préalable indispensable à la capacité d'aimer.*

### La colère pour exister

Sans aller jusqu'à parler d'envie, de rage de ne pas posséder le pouvoir de l'autre, essayons de réfléchir à l'impact des frustrations constantes et répétées chez le jeune enfant.

L'enfant qui vit de nombreuses frustrations, dont les besoins ne sont pas considérés, qui ne peut exprimer ses ressentis car ils ne sont pas tolérés par la mère, peut ressentir de l'hostilité contre celle qui ne reconnaît pas son existence. *Cette colère lui permet d'avoir le sentiment d'exister*, de lutter contre sa crainte de n'être rien. Elle lui permet d'une certaine manière de rester vivant, de se défendre contre l'angoisse d'anéantissement. Mais cette colère l'empêche également d'intégrer ce qui pourrait être bon pour lui, et le laisse seul, isolé avec sa carence affective, incapable de se nourrir à l'extérieur.

On rencontre souvent des patients en colère qui critiquent les autres en permanence, mais qui reconnaissent souffrir. Après une certaine introspection qu'ils se permettent car ils souffrent, ils reconnaissent qu'ils ont peur de l'autre et s'en défendent de cette manière. Ils craignent que l'autre prenne le pouvoir, et qu'il puisse les anéantir. Leur hostilité leur donne l'impression d'exister et leur permet de se défendre contre l'angoisse suscitée par l'autre.

> Une patiente me dit : « Je sais que je suis odieuse et tyrannique. Mais je crains que si je ne le suis plus, ils (les gens qu'elle aime) vont me prendre en traître. Ils vont se comporter comme si je n'existais pas, ils ne vont plus faire attention à moi. Je n'aurai plus l'impression d'exister. »

## *Le sentiment de persécution*

Le sentiment de persécution est un sentiment de crainte que l'autre nous rabaisse, nous dépossède d'une partie de nous-même, nous enlève le pouvoir... L'autre est le « mauvais objet » capable de nous vouloir du mal.

### La répétition et la projection

Une fille qui a eu une relation difficile avec sa mère, qui la dévalorisait, la ridiculisait, l'anéantissait est une fille qui craindra plus tard d'être détruite par l'autre, persécutée. Son sentiment que l'autre la persécute peut simplement être une reviviscence du sentiment éprouvé avec sa mère. Elle revit avec l'autre, même si l'autre ne fait rien, ce mal que sa mère a pu lui faire. L'autre la persécute, comme sa mère le faisait. Elle a l'impression que les autres ne peuvent pas l'aimer, qu'ils la trouvent sans intérêt, voire ridicule.

Freud rattache le sentiment de persécution, d'hostilité de l'autre, au propre sentiment d'hostilité que ressent le sujet envers autrui, qu'il ne peut tolérer de ressentir et qu'il projette alors sur autrui. Selon lui, les sentiments de persécution de la femme peuvent être en rapport avec leur relation à leur mère. « On trouve dans cette dépendance vis-à-vis de la mère le germe de la paranoïa ultérieure de la femme[12]. » L'hostilité ressentie à l'encontre de la mère entraînerait une angoisse de représailles de la part de la mère, angoisse de persécution. Le germe de la paranoïa « semble bien, en effet, être l'angoisse d'être assassinée (dévorée ?) par la mère, angoisse surprenante mais que l'on trouve régulièrement. Nous sommes portés à affirmer que cette angoisse correspond à une hostilité envers la mère qui se développe chez l'enfant par la suite des multiples restrictions de l'éducation et des soins corporels[13]. » Il évoque le mécanisme de projection présent dans les sentiments de persécution. L'enfant ressent de la colère contre sa mère, et craint par projection que sa mère ne ressente de la colère contre lui. Ce sont ses propres sentiments d'hostilité qui lui font croire en la possibilité de sentiments d'hostilité à son égard de la part d'autrui.

### La culpabilité

Melanie Klein explique aussi que l'hostilité ressentie par l'enfant est à l'origine du sentiment de culpabilité puis de l'angoisse de persécution. L'enfant se sent coupable de ressentir de l'hostilité envers sa mère dont il a tant besoin, d'avoir des élans destructeurs envers la personne dont il dépend. Il craint alors d'être puni pour sa faute, d'être persécuté par sa mère.

Les sentiments de persécution accompagnent le plus souvent une mésestime de soi, le sentiment de ne pas mériter d'être aimé, de ne pas avoir de valeur.

C'est ainsi qu'on rencontre des femmes qui ont une mauvaise estime d'elles-mêmes, qui sont insatisfaites, très susceptibles, très vite blessées par les supposées critiques d'autrui. Leur faille narcissique les amène à interpréter les comportements d'autrui, et à imaginer que les autres ne les aiment pas, les critiquent, voire se moquent d'elles. Les autres sont facilement des persécuteurs, ce qui entretient leur mésestime d'elles-mêmes. Elles peuvent se sentir en colère, d'abord contre elles-mêmes, ou contre les autres rendus responsables de leur souffrance.

Il serait constructif qu'elles reconnaissent la véritable origine de leur colère, leur insatisfaction primordiale avec leur mère. C'est l'hostilité de l'enfance qui s'est déplacée sur soi (culpabilité, sentiment de ne pas valoir d'être aimé), puis sur les autres (les autres m'en veulent, ne m'aiment pas) qui doit être retrouvée.

Ainsi l'hostilité que ces femmes projettent, ou qu'elles ressentent, les empêche de considérer l'autre comme potentiellement bon. L'autre est alors mauvais, ce qui entretient leur colère.

Pourtant, *c'est la capacité à pouvoir réinvestir l'autre comme « bon » qui peut amener le sujet à « lâcher » sa colère. Et qui lui permet de ressentir bonté et gratitude envers l'autre.*

« Lorsque le patient surmonte dans une certaine mesure son incapacité initiale à instaurer un bon objet, l'envie décroît tandis qu'augmente peu à peu la capacité à éprouver du plaisir et de la gratitude[14]. » L'hostilité diminuant, l'angoisse de persécution diminue à son tour.

Il est important d'accepter de ressentir la colère et d'en connaître son origine. Cela permet au mécanisme de projection ne plus être utile (il servait à rejeter sur l'autre une pulsion qu'on ne peut accepter pour soi). Cela permet également de comprendre que c'est notre mère qui nous a fait du mal, et qu'il s'agit maintenant de ne plus confondre l'autre avec notre mère afin de ne plus se sentir persécuté par autrui.

> Barbara a une mauvaise estime d'elle-même, elle se met toujours en retrait. Grâce à la thérapie, elle comprend petit à petit les origines de son narcissisme défaillant. Elle commence à prendre confiance en elle et à s'aimer davantage. Elle reconnaît qu'elle a des capacités qu'elle ne voyait pas auparavant. Elle ose un peu plus se mettre en avant, dire ce qu'elle pense.
>
> Au cours de réunions de travail, où elle a eu le sentiment d'avoir de la valeur, d'avoir été écoutée, elle développe un sentiment de persécution diffus, elle pense que les autres lui en veulent, la jalousent, veulent la faire taire. Elle avoue en même temps ressentir de l'hostilité envers les autres, de vouloir les dominer. On peut interpréter sa réaction de persécution selon les deux schémas décrits plus haut. C'est son hostilité envers les autres (qu'elle avoue d'elle-même), qui accompagne son nouveau sentiment de valeur, qu'elle a projeté sur autrui. Mais on peut penser, et ce n'est pas contradictoire, que le fait qu'elle se mette en avant ait réveillé en elle le sentiment de culpabilité lié au fait que sa mère lui avait toujours déconseillé de s'imposer. Elle osait avoir un comportement que sa mère lui avait toujours interdit. Sa culpabilité l'a amenée à penser qu'elle allait subir les représailles de son acte audacieux. Sa punition devait être l'hostilité des autres.

Le sentiment de persécution est toujours lié à un manque d'estime de soi et diminue quand le sujet commence à réparer son narcissisme défaillant. Lorsque l'hostilité ou le sentiment de persécution persistent, cela atteste de la persistance du lien pathogène à la mère. Si on se sent toujours persécuté, on perpétue la première forme de lien édifié avec sa mère. On ne lâche rien, le lien persiste, et la douleur qui l'accompagne aussi.

Celui qui persécute peut être aussi son propre enfant qui devient alors le « mauvais objet ».

> Anna a eu une fille, elle ressent parfois de l'hostilité envers cette enfant, ce qu'elle ne comprend pas. C'est plus fort qu'elle, elle a parfois le sentiment que sa fille peut lui gâcher la vie, lui faire du mal. Cela survient lors de situations anodines : sa fille fait une réflexion qui la blesse et le processus se met en marche. Elle ressent alors de la colère contre sa fille, elle lui en veut, elle s'en méfie. Sa fille peut être dangereuse. La première personne à lui avoir fait du mal était sa propre mère, qui lui faisait toujours des reproches, qui lui faisait comprendre qu'elle n'était jamais assez bien. Sa mère lui en voulait pour diverses raisons, liées en partie à sa propre insatisfaction. Elle lui reprochait, entre autres, de ne pas être assez gentille avec elle, de ne pas suffisamment se préoccuper d'elle. Alors Anna se sentait coupable, s'en voulait de ne pouvoir correspondre aux attentes de sa mère, elle ne se sentait jamais comme il faut, toujours fautive. Pendant longtemps, elle n'a pas su qu'elle ressentait de l'hostilité envers sa mère, sentiment que sa mère n'aurait pas pu tolérer. Maintenant, Anna lui en veut du mal qu'elle lui a fait. Mais sa peur d'être persécutée, que l'autre puisse lui faire mal n'a pas disparu. Elle peut réapparaître à tout moment. Et sa fille en fait les frais.
>
> C'est en comprenant un certain nombre de choses, ce qu'elle rejoue de son passé, la peur de ne pas être aimée, d'être rejetée, l'origine du sentiment de persécution ressenti envers sa fille, qu'elle commence à considérer sa fille avec d'autres yeux. Sa fille ne lui veut pas de mal, n'est pas cet autre persécuteur qu'Anna avait été pour sa mère, et que sa mère avait également été pour elle. Sa mère lui avait fait beaucoup de mal en la culpabilisant, en la rendant impuissante puisque incapable de soulager sa souffrance.

## Les troubles des conduites alimentaires

Parfois la mère n'est pas perçue comme mauvaise, bien au contraire elle paraît très aimante. Pourtant la jeune fille est au plus mal, et se sert de son corps pour l'exprimer. Les troubles alimentaires regroupent deux formes principales : la forme restrictive, l'anorexie, où le sujet restreint son alimentation avec la peur intense de prendre du poids, alors que celui-ci est très inférieur à la normale ; et la boulimie qui se caractérise par des crises plurihebdomadaires où le sujet ingurgite de très fortes quantités de nourriture s'accompagnant ou pas de vomissements, afin d'éviter la prise de poids. Ces troubles s'observent principalement chez les jeunes filles ; l'anorexie mentale se rencontre seulement chez un garçon pour dix ou vingt filles en moyenne. On explique cette disparité en partie par la valorisation de la minceur féminine, associée à la beauté, la séduction ; l'importance de l'aspect physique pour la fille qui ne peut se percevoir comme désirable que si elle a un corps parfait... Pas seulement.

On retrouve des traits de caractère communs chez ces jeunes filles : elles ont une mauvaise estime d'elles-mêmes, sont perfectionnistes avec la crainte de ne jamais être à la hauteur, hypersensibles au jugement d'autrui. Elles souffrent d'importantes angoisses de séparation et cherchent la sécurité. Ces jeunes filles ont une relation souvent très proche voire fusionnelle avec leur mère. On perçoit ainsi l'anorexie chez l'adolescente comme le symptôme d'une impossible évolution, séparation d'avec l'enfance, d'avec les liens de l'enfance. La jeune fille ne veut plus « grandir », alors elle tente d'effacer ses formes féminines, sa maigreur perpétue son corps d'enfant. Elle reste en quelque sorte une petite fille non séparée de sa mère.

Ces jeunes filles présentent en général une intelligence aiguë, associée à de bonnes capacités d'adaptation, une sensibilité accrue pour comprendre et répondre aux attentes de l'autre.

On retrouve souvent un climat familial « entourant », « enveloppant », où la jeune fille a toujours comblé ses parents depuis son enfance, satisfaisante en tout point. Mais à l'adolescence, toute cette belle harmonie ne tient plus, la jeune fille vient signifier qu'elle ne peut plus avancer dans les désirs des autres, comme elle l'a toujours fait, qu'elle ne peut et ne veut plus satisfaire leurs attentes. Elle s'oppose à ses parents, à sa mère, pour la première fois, mais de façon détournée. Les parents n'y comprennent rien, eux qui avaient jusque-là une petite fille « parfaite », valorisante. « Il y a, dans cet amour parental, une zone de cécité qui nie l'altérité et occulte le désir propre de l'enfant[15]. »

Dans l'histoire de la vie de la mère, on retrouve un vide affectif que la fille tente de combler. Elle veut satisfaire sa mère, en oubliant ses propres désirs à elle. « Ces mères, qui n'ont pas su capter le regard de leur propre mère, cherchent à se voir dans les yeux de leur fille. Mais dans cette relation en miroir entre les générations, jamais l'enfant ne parvient à sortir la mère de sa tristesse[16]. »

Le père est fondamental dans cette histoire. Lui aussi paraît investir sa fille et y accorder une grande importance. Mais c'est comme s'il secondait l'attitude de sa femme, en attendant de sa fille qu'elle vienne combler ses propres carences à lui. On comprend que la fille se sente coincée, sans porte de sortie. Elle n'existe que dans le désir des autres, n'est aimée qu'en fonction de la satisfaction qu'elle donne à ses parents.

Ces jeunes filles ont appris à ne pas se séparer, à rester dans ce cocon familial protecteur ; elles n'ont aucune notion de ce qu'elles pourraient être en étant elles-mêmes, loin du désir parental. Elles n'osent pas s'opposer ouvertement, elles qui se sentent si « aimées », mais elles ne savent pas vivre en tant qu'être différencié, autre, indépendant de l'histoire familiale.

## *Quand le corps parle*

Le corps exprime parfois ce que les mots ne peuvent faire, ce que l'inconscient veut dire.

Quand le corps somatise, souffre, alors qu'aucune objectivité ne vient confirmer le trouble, on observe parfois une surenchère de médicalisation. Le corps devient le centre de la vie, il souffre, mais il existe. « Une maladie peut conférer une identité[17]. » La fusion mère-fille étant persistante, il n'existe pas d'identité distincte de la fille. La personne qui somatise n'a pas d'autonomie. Son corps la dirige, relayant la mère. La somatisation objective la persistance de la domination extérieure, de la dépendance, du lien. Il n'y a pas d'existence propre, pas de désir, et un sentiment de vide intérieur. « La somatisation peut aussi incarner une manière de s'infliger une douleur dans le but de pallier les sentiments de vide[18]. » La demande d'amour est transférée sur le corps médical (et non plus le corps maternel). Les satisfactions obtenues entretiennent la pathologie. Et le lien perdure. La souffrance du corps atteste de la souffrance psychique sous-jacente, dont les raisons lui sont inconnues. Grâce à la douleur, la personne se sent intéressante. Les médecins s'affairent, se mobilisent autour de cette maladie qui interroge. La patiente domine enfin à sa manière, puisque sa maladie rend la médecine impuissante. Elle arrive enfin à s'imposer, à être reconnue, à exister là où elle n'y arrivait pas (dans la fusion maternelle).

Parfois, le corps symbolise la fusion maternelle. Entre mère et fille, quand c'est fusionnel, c'est le même corps. La fille, en s'attaquant à son corps, attaque sa mère. Mais elle essaie aussi de rompre la similitude, elle veut créer la rupture par le corps. Les interventions chirurgicales esthétiques à répétition en attestent. « Je ne veux plus être comme toi. Je veux être différente. Je te signifie que mon corps m'appartient. J'en fais ce que je veux. En le transformant, je te dis qu'il est imparfait, donc que tu m'as faite imparfaite. Je t'agresse. Mais sans te le dire. » Parfois une chirurgie permet une symbolisation de la séparation, favorable à une évolution. Dans d'autres cas, la torture du corps ne suffit pas. L'inconscient persiste dans son impossible séparation.

## Les relations insatisfaisantes aux hommes

Les femmes se plaignent souvent des difficultés qu'elles rencontrent dans leur relation aux hommes. Elles racontent des histoires insatisfaisantes à répétition, elles vivent souvent une relation de couple empreinte de souffrance et de tension. Elles cherchent à comprendre les mécanismes à l'origine de cette insatisfaction perpétuelle. Est-ce de leur faute, celle de leur conjoint, ou des deux ? Elles ne savent plus qu'en penser.

Comme on l'a déjà dit, il est important d'analyser le comportement de la femme, à la lumière de ce qu'elle a vécu avec ses parents. La mère est toujours très importante dans la structuration de sa fille, les liens futurs sont colorés par cette première relation. On se modèle sur le type de relation instauré avec elle, ou sur son exemple.

Il est important de s'interroger sur le comportement du conjoint. Est-il aimant et bienveillant, ou est-ce beaucoup plus compliqué ?

## Quand l'amour manque

### L'attirance vers ceux qui font souffrir

La femme recherche inconsciemment à recréer le même type de relation qu'elle avait avec sa mère. Si la relation était douloureuse, compliquée, ambivalente, le risque majeur est qu'elle soit irrésistiblement attirée par ce mode de relation. L'homme peut être dominateur, instable, rendant la relation insécure, mais la femme ne parvient pas à s'en dégager. Pire, elle imagine douloureusement la rupture d'avec cet homme qui la fait souffrir. Elle pense que son compagnon l'aime alors qu'il la maltraite et ne voit pas d'incohérence à cela. Elle ne peut concevoir d'être aimée différemment. Souffrance et amour ont toujours été liés pour elle. Comment imaginer un amour qui fait du bien, si on ne l'a jamais éprouvé dans son enfance ? Son père absent n'a pu corriger son appréciation de l'amour. Elle va même jusqu'à trouver sans intérêt une relation douce, bienveillante, harmonieuse. Elle a appris à n'accorder de valeur qu'à la relation instaurée avec sa mère. C'est l'idéalisation de la relation qui l'a fait tenir, elle n'a donc pas appris à trouver de valeur à d'autres formes de relation, une affection plus simple et bienfaisante. Elle risque ainsi de passer à côté d'une relation qui pourrait être réparatrice. L'inconscient a ses raisons que le conscient ne connaît pas. L'inconscient dirige les choix amoureux, parfois pour le meilleur, mais malheureusement souvent pour le pire.

> Lucille fait des rêves. Elle rêve qu'elle se baigne dans la mer (la mère…) et qu'un serpent se colle à elle. Elle continue de nager, heureuse, mais consciente du caractère anormal de la situation. Elle raconte un autre rêve où des insectes grimpent sur elle. Elle essaie de s'en dégager mais en vain. Elle supporte la situation

tout en se rendant compte de son étrangeté. Autour d'elle, des membres de sa famille regardent la scène sans réagir.

Lucille met en relation son sentiment d'être envahie, avec la relation qu'elle noue avec son ami du moment. Cet homme lui apparaît comme possessif. Il veut tout faire avec Lucille, tout savoir de ses faits et gestes, elle n'a pas d'espace à elle. Il ne comprend pas son sentiment d'étouffement. Il la culpabilise, lui dit qu'elle a un problème, et qu'il va lui apprendre à vivre et à savoir comment réagir. Cet homme ne la respecte pas et lui impose de se comporter comme il le veut.

Dans ses rêves, c'est son ami qu'elle voit, et pourtant il s'agit d'abord de sa mère. Mais Lucille n'est pas encore capable de s'en rendre compte. Lucille a eu une mère « collante », qui ne respecte en aucune manière l'autonomisation de sa fille, et qui a passé son temps à la dévaloriser pour la garder petite fille, et la garder pour elle.

Et Lucille choisit un homme, écho de sa mère. Elle s'en rend compte grâce à la thérapie, se réapproprie ses sentiments, et les écoute. Elle sait que sa mère lui a fait beaucoup de mal, mais que c'est dur pour elle de l'accepter et de ne pas la justifier en se dévalorisant : « C'était de ma faute, j'étais toujours collée à elle, elle ne pouvait pas se débarrasser de moi. » Mais aujourd'hui, quand Lucille veut s'imposer, prendre son autonomie, sa mère la dévalorise, la culpabilise. Qui ne voulait pas se séparer de l'autre ?

Une fille qui a « pris en charge » sa mère, qui l'a soutenue dans ses difficultés de vie, qui a cherché à se faire aimer d'elle en tenant ce rôle, sera attirée par les personnes fragiles et en difficultés. Elle choisira un homme qu'elle peut aider avec la conviction inconsciente qu'il ne peut l'aimer que pour cela. Elle ne pense ne mériter d'être aimée qu'en soutenant. Elle peut même paradoxalement s'énerver de ses défaillances, lui reprocher d'être irresponsable, ou éternellement insatisfait. Alors que c'est précis[ément pour] cela qu'elle l'a choisi, inconsciemment. Si cet homme ne reste avec elle que pour être soutenu, elle est dans la répétition. Rien ne se modifie. Rien ne se répare. Si, par contre, il est en fait suffisamment structuré, et est capable de l'aimer vraiment, pour elle, et non pour ses bons soins, elle apprend en quoi l'amour peut véritablement faire du bien.

La répétition, c'est choisir un être qui fait écho à la mère, avec qui on se comporte comme avec elle. Si notre mère ne s'intéressait pas véritablement à nous, nous gardons le fantasme qu'en choisissant un être distant, nous arriverons, grâce à tous nos efforts, à nous faire aimer de lui. Petites, nous avons tenu grâce à cet espoir. C'est le même qui nous tient en tant qu'adulte. Quelle victoire ce serait ! Malheureusement, là où nous avons « échoué » avec notre mère risque bien de se répéter à nouveau. Cet homme, tout comme notre mère – et nous avons eu un sens très affûté pour bien le choisir identique – est incapable de nous aimer et de nous faire du bien, et rien ne changera cela. Nous risquons de passer toute notre vie accrochée à quelqu'un qui ne peut qu'entretenir nos doutes et notre mauvaise estime de nous, plutôt que d'aller là où il pourrait y avoir réparation, amour et bienveillance. Il faut comprendre ce qu'on est en train de rejouer, pour commencer à se détacher de cette compulsion de répétition, et s'ouvrir à d'autres relations.

> Valérie vit depuis plusieurs années avec un homme instable, parfois dépressif et en demande d'aide, parfois agressif et dévalorisant. Elle ne comprend pas son comportement, il s'excuse rarement, lui reproche facilement de ne pas être satisfaite, la culpabilise. Elle arrive assez vite à percevoir que son compagnon se comporte de façon anormale, ce qui est à l'origine de sa souffrance. Pourtant elle n'arrive pas à se dégager de cette relation et

avoue même être toujours très attirée par lui. Il devient de plus en plus désagréable au fil du temps, mais elle se demande si ce n'est pas de sa faute. Elle a bien essayé de l'aider, de le soutenir. Elle imaginait qu'en l'aidant, il serait reconnaissant et deviendrait véritablement affectueux avec elle. Avec le temps, elle commence à perdre espoir, mais un seul mot gentil de lui, et elle repart dans ses rêves. En l'interrogeant sur sa mère, après une description idyllique de l'amour de cette dernière, elle décrit une femme dépressive, parlant de « son côté petite fille ». Elle reconnaît que sa mère était en demande d'amour, avait besoin d'elle, et qu'elle s'est évertuée toute son enfance à tenter de la rendre plus heureuse. En vain. Sa mère la critiquait facilement, ne lui faisait pratiquement jamais de compliments.

La ressemblance entre sa mère et son ami saute aux yeux. Mais comme elle n'a jamais remis en question la relation à sa mère, elle ne perçoit pas la répétition. La prise de conscience la déstabilise d'abord. Mais petit à petit, en se rendant compte du rôle qu'elle a joué dans son enfance et du manque d'amour reçu, elle commence à comprendre ce qui l'attire inconsciemment chez cet homme, et l'origine de sa souffrance.

### La tolérance aux frustrations

Certaines femmes ne savent pas exactement ce qu'elles sont en droit de demander à l'autre, ce qu'elles attendent d'un comportement « aimant ». Elles se sentent parfois dévalorisées, critiquées, et se demandent si cela est justifié. Elles souffrent de la relation, mais sont perdues. Qui agit mal ? L'autre qui les accuse ou elles, comme il s'évertue à le répéter ?

Ces femmes ont une mauvaise estime d'elles-mêmes, entretenue et amplifiée par le conjoint. Elles pensent ne pas mériter mieux, se sentent coupables de la mésentente du couple. Elles cherchent en consultant à comprendre. Leur enfance éclaire sur leur manque de confiance en elles, sur leurs doutes à mériter d'être aimées. Mais c'est plus précisément l'attitude de leur mère dans le couple parental qui intervient. Ces femmes évoquent un mode de relation douloureux entre leurs parents. Leur mère subissait les mauvais traitements, ne savait pas comment réagir, se plaignait mais n'agissait pas. Elles ont appris la passivité et la tolérance aux frustrations. Ne s'étant jamais rebellées contre leur mère victime, elles se sont identifiées massivement à elle, et maintenant reproduisent dans leur couple le même comportement.

> Géraldine, la quarantaine, est mariée depuis plus de dix ans. Elle consulte pour une dépression qui dure depuis plusieurs années. Elle n'en connaît pas la cause, mais elle est persuadée que c'est de sa faute. Après quelques entretiens, il apparaît que les relations avec son mari sont douloureuses. Elle en parle un peu gênée, avec la peur de dévoiler les comportements violents de celui-ci. Elle décrit un homme intelligent, cultivé, attentionné. Elle s'explique mal pourquoi il a parfois des sautes d'humeur, il se met dans des colères noires, jusqu'à la violence physique. Il ne s'excuse jamais. Pourtant, elle est persuadée qu'il s'en veut, et lui trouve des excuses (il a eu une enfance difficile...). Mais elle vit dans la crainte, les violences devenant de plus en plus fréquentes. Son mari ne supporte pas la contradiction, elle doit se plier à son jugement, ne pas le contrarier. Elle ne sait comment réagir, elle reste passive. Elle n'ose même pas aborder le sujet avec lui, au calme, « il pourrait le prendre mal ». Ce climat l'use et la rend malheureuse. Pourquoi Géraldine tolère-t-elle d'être maltraitée ainsi ? Elle décrit une enfance difficile, avec un père autoritaire qui lui faisait peur. Sa mère la consolait, mais était totalement incapable de s'opposer à son mari. Sa mère vivait dans la crainte, soumise et malheureuse. Géraldine a les larmes aux yeux quand elle parle de sa mère, décédée il y a quelques années. Elle éprouve

beaucoup de reconnaissance envers elle et en veut à son père de l'avoir fait souffrir. En en parlant, elle se rend compte qu'elle se comporte comme sa mère, aussi soumise et craintive qu'elle. Elle ne semble pas contrariée de cette prise de conscience, ressembler à sa mère est pour elle une qualité. Et ce paradoxe l'empêche d'avancer. D'un côté, elle voudrait réagir, et ne pas accepter les violences de son mari. D'un autre, elle aime agir comme sa mère, façon de lui être fidèle et reconnaissante. Elle ne peut imaginer se rebeller sans avoir l'impression de la trahir. Elle préfère souffrir comme elle, plutôt que d'oser s'en séparer. Elle n'envisage pas de divorcer, ce qui pour elle serait traumatisant, pour ses enfants. Pourtant, ce qui est le plus traumatisant pour ses filles, n'est-ce pas sa souffrance, son incapacité à s'imposer et à profiter de la vie ?

## Quand l'amour est là

### L'incapacité à y croire

Certaines femmes ne sont parfois pas capables de ressentir l'affection qu'on leur porte. Elles ont l'impression de ne pas être aimées comme elles le voudraient, attendent de l'autre une affection inépuisable, même si leur compagnon est véritablement aimant. Elles ne savent pas exactement ce qu'elles attendent, mais elles ne sont jamais satisfaites. Elles n'ont pas incorporé l'amour suffisant qui leur aurait permis d'édifier un moi stable et confiant. Elles sont persuadées que les autres ne s'intéressent pas à elles, et si quelqu'un s'intéresse à elles, elles sont persuadées qu'il les abandonnera quand il constatera la réalité de leur manque de valeur. Elles s'accrochent à leur relation, même si elles n'y trouvent pas de satisfaction. Ces femmes sont en quête affective, mais quand l'affection existe, elles ne la reçoivent pas.

« L'histoire précoce de ces êtres montre en effet qu'ils n'ont pas reçu de leur mère suffisamment d'amour et de chaleur ou que déjà dans l'enfance ils étaient attachés à la mère par une compulsivité similaire. Il semble que le besoin névrotique d'amour soit une nostalgie durable de l'amour de la mère, qui n'était pas librement accordé dans la première enfance[19] », écrit Karen Horney. La conséquence de ce manque dans l'enfance peut amener l'adulte à ne pas croire en l'existence de l'amour, et de ce fait à ne pas pouvoir intégrer toute forme d'amour dans la réalité.

Les personnes chez qui on trouve cette conviction inébranlable, quoique inconsciente, que l'amour n'existe pas, ont habituellement souffert de déceptions profondes dans l'enfance, déceptions qui leur ont fait effacer de leur vie une fois pour toutes amour, affection et amitié.

Ces névrosés avouent souvent ne pas s'aimer, et la conséquence est leur incapacité à aimer.

Le névrosé n'est en général pas conscient de son inaptitude à aimer. Le manque d'amour reçu dans l'enfance a abîmé son narcissisme, et l'empêche de croire à la possibilité qu'il puisse être aimé. Il se trouve alors bien en peine de pouvoir donner ce qu'il n'a pas reçu.

Fabienne souffre de ne jamais croire en l'amour qu'elle reçoit. Elle est persuadée de ne pas pouvoir mériter d'être aimée. L'affection qu'elle reçoit ne l'atteint jamais, n'est jamais suffisante. Elle se débrouille, en étant désagréable, pour que son conjoint finisse par la rejeter ; ainsi elle obtient ce qu'elle pense mériter et qu'elle redoute. Elle se sent si « mauvaise » qu'elle ne peut croire qu'on puisse l'aimer. Alors elle devient vraiment « mauvaise », irrespectueuse, intolérante. Ainsi elle se comporte en fonction de l'image qu'elle a d'elle-même et ne pense ne mériter que du rejet. La séparation d'avec sa mère est indispensable pour qu'elle commence à se voir avec d'autres yeux, et com-

qu'elle peut être aimée, même si sa mère n'en a pas été capable.

## Quand amour et fusion sont confondus

Parfois l'amour est bien perçu, mais la femme veut accaparer son ami, ne supporte pas qu'il ait une vie à lui, le veut pour elle toute seule. Elle n'a pas appris un mode de relation à l'autre basé sur le respect, l'acceptation de l'autonomie de l'autre. Chez ces femmes, la relation doit être fusionnelle, sinon elle n'a pas de valeur, et signifie un manque d'amour. L'indépendance de l'autre est mal perçue, interprétée comme un désintérêt, un rejet.

> Susie, 30 ans, mariée, a une petite fille de 5 ans. Elle consulte au désespoir, car elle n'a plus confiance en son mari, elle craint qu'il la quitte. Il l'a quittée effectivement il y a quelques mois, sans arriver à lui dire pourquoi, puis il a décidé de revenir quelque temps après, il lui jure depuis qu'il ne repartira plus. Elle ne lui en veut pas, elle ne comprend pas pourquoi il est parti, elle est très attachée à lui, et l'idée de le perdre la terrifie.
> Susie se sent angoissée quand elle est seule. Elle est incapable de prendre du plaisir si elle n'est pas accompagnée de son mari ou de sa fille. Elle ne laisse que très peu d'autonomie à son mari qu'elle surveille, qu'elle dirige. Elle le veut à côté d'elle en permanence pour se sentir en sécurité. Elle est totalement angoissée si elle doit faire une activité toute seule, elle ne peut prendre les transports en commun…
> Susie ne conçoit la relation affective que symbiotique. Elle est totalement dépendante de l'autre et terrorisée à l'idée de pouvoir être abandonnée. La vie en général l'angoisse.
> Susie parle de sa mère comme d'une personne étouffante, qui la surveillait, ne lui donnait aucune liberté, et la voulait en permanence à ses côtés. Elle a souffert de cette relation et reproche à sa mère de l'avoir empêchée de faire ses expériences. Mais elle reproduit à l'identique la relation que sa mère a instaurée entre

elles deux. Elle étouffe son mari, l'emprisonne, tout comme sa mère le faisait avec elle (et avec son père !).
En reproduisant le modèle maternel, elle se sent en sécurité, mais reste paniquée à l'idée de se retrouver seule. Elle n'apprend pas à dépasser ses peurs. Sa relation affective ne la fait pas évoluer, elle contient simplement son angoisse.
La thérapie lui fait prendre conscience de ce qu'elle est en train de faire, lui permet de comprendre pourquoi son mari est parti : il parvient à lui exprimer maintenant qu'elle peut l'entendre qu'elle l'étouffe, et qu'il souffre de cette emprise. Elle commence à concevoir un autre type de relation plus structurant et sain, bénéfique aussi pour sa petite fille, avec qui elle recréait la symbiose (la petite fille a dormi dans le lit conjugal jusqu'à 4 ans), rassurante pour elle, mais aliénante pour sa fille.

Susie comprend que son comportement, répétition de celui sa mère, a failli être la cause du départ de son mari, ce qu'elle ne pouvait imaginer auparavant. Elle a maintenant un puissant moteur pour l'amener à changer. Susie a eu de la chance, son mari lui a exprimé, à sa manière, qu'il ne pouvait tolérer sa façon de se comporter. D'autres femmes l'apprennent plus tard, une fois que leur mari est définitivement parti. Alors elles comprennent qu'elles sont responsables de son départ ; elles ne savaient pas que leur manière d'être était insupportable. Leur mère s'était comportée comme cela, et leur père était bien resté !

### L'amour de l'autre dévalorisé

Quand on n'a jamais été aimée pour soi, écoutée, complimentée, encouragée, on ne sait pas à quoi ressemble l'amour qui fait du bien. Si on a été maltraitée, dénigrée, on a appris à trouver « normal » ce comportement. On est alors attirée par des hommes qui maltraitent, et on juge insignifiants ceux qui sont bienveillants et aimants.

Bénédicte, 35 ans, consulte pour un mal-être diffus et persistant. Elle vit seule depuis plusieurs années, évoque quelques histoires affectives décevantes. Elle parle avec émotion d'une relation qu'elle a eue plus jeune, entre 20 et 25 ans. Elle s'en veut d'« avoir tout gâché ». Elle décrit un homme calme, amoureux d'elle, bienveillant. Il ne lui faisait jamais de reproches, il cherchait à lui faire plaisir, il s'intéressait à elle. Mais Bénédicte lui trouvait un tas de défauts. Il l'énervait. Il n'était pas assez dynamique, n'aimait pas assez sortir, elle s'ennuyait avec lui. Il comprenait les reproches de Bénédicte, et essayait de changer pour la satisfaire. Mais cela ne servait à rien. Bénédicte ne se nourrissait pas de l'amour de son ami, elle le dénigrait et le trouvait sans valeur.
Elle a vécu une enfance douloureuse, avec un père violent, et une mère dépressive. Sa mère était incapable de s'occuper d'elle. Elle lui reprochait beaucoup de choses, en lien avec sa propre insatisfaction d'elle-même. Bénédicte a traversé son enfance entre violence et désintérêt pour elle. Son ami bienveillant lui a permis de quitter le foyer familial. Mais très vite, elle a trouvé bien insipide cet homme doux et attentionné. Quelle valeur peut-on accorder au véritable amour, quand on a appris à valoriser la violence, l'oubli de soi et la préoccupation pour l'autre souffrant ? Bénédicte aujourd'hui regrette d'avoir quitté son ami. Elle comprend maintenant pourquoi elle n'a pu se satisfaire de cette relation. Après de nombreuses années de « galère sentimentale », elle voudrait enfin retrouver la paix, comme avec son ami. Et ne plus chercher à dénigrer un amour parce qu'il est trop « bienfaisant » !

### L'incapacité à rester soi-même
La relation nouée est parfois satisfaisante. Le conjoint apparaît comme aimant, tolérant, ne demandant rien d'autre à sa femme que d'être elle-même et de s'épanouir. Pourtant la jeune femme se sent bridée, obligée d'adapter son comportement. Elle croit que l'homme qu'elle aime attend d'elle

certaines choses, en fonction de ce que sa m...
d'elle. Si elle avait tendance à s'oublier pour ne se préoccuper que de sa mère, façon d'obtenir son affection, la voilà qui se croit obligée de s'oublier pour garder l'affection de son conjoint. Elle a appris à être aimée pour certaines raisons, et elle croit par la suite qu'elle ne peut être aimée que pour cela. Elle se retrouve en position de petite fille qui veut satisfaire son conjoint, et qui craint de perdre cet amour si elle se permet d'être elle-même.

> Lucille, dont on a déjà parlé, consulte car elle se sent très déprimée. Lucille prend conscience du caractère hautement pathologique de sa mère, mais a du mal à séparer le comportement de l'affect. Elle pense que si sa mère s'est comportée ainsi c'est qu'elle l'aimait (elle lui disait toujours qu'elle était sa fille préférée !). Elle aperçoit souvent la réalité qui la dérange, mais elle n'arrive pas à mettre en mots le rapt de sa vie qu'elle a subi.
>
> C'est une jolie femme qui aime séduire, accumule les conquêtes masculines, mais n'arrive pas à nouer de relations durables avec aucun d'eux. Très vite, elle se sent étouffée par la relation, ressent l'emprise de son partenaire, ne se sent plus libre de quoi que ce soit, et elle fuit. Même en présence d'un homme qui respecte sa liberté, elle se sent obligée d'en passer par ce qu'elle croit que son ami veut, elle étouffe et s'en va. Elle tient à son indépendance qu'elle ne peut vivre qu'en étant seule ; avec un homme, elle se retrouve en dépendance affective, avec la peur de le perdre si elle se permet d'être autonome. Alors, elle se prive de liberté pour garder son amant (qui ne lui a rien demandé de tel), croit que c'est l'autre qui l'en empêche, et très vite ne supporte plus cette situation.
>
> La relation qu'elle noue avec un homme l'empêche de garder sa liberté, dans le sens où elle confond toujours amour et privation de liberté. Si elle comprenait que la relation avec sa mère était hautement pathologique, et très éloignée de ce qu'on peut quali-

fier d'amour, elle pourrait enfin comprendre qu'elle peut garder son autonomie et être aimée aussi pour cela.

## Les relations aux enfants, aux filles

Lorsque la fille devient mère, sa propre mère est plus présente que jamais (au moins dans son inconscient). L'identification à la mère s'intensifie. Si de plus l'enfant est une fille, le schéma de répétition est en place.

Il est toujours étonnant de voir des jeunes mères se plaindre de leur relation à leur mère et qui se comportent avec leur fille de la même façon. En fait, les choses sont plus subtiles. Ces jeunes femmes ont repéré un comportement maternel qui ne leur plaisait pas. Ce peut être par exemple le manque d'attention, de complicité. Alors elles s'évertuent à être complices, s'intéressent à leur fille. Très bien. Le problème est que le comportement maternel s'inscrivait dans un contexte plus global, où la mère pouvait être dépendante et attendait de sa fille une réparation. Et c'est malheureusement ce qu'une fois mères, elles vont attendre de leur fille.

Avoir une fille est une expérience enrichissante pour retrouver la mère qu'on a eue. On se voit se comporter avec sa fille exactement comme notre mère se comportait avec nous. C'est un long travail de comprendre précisément le lien qui nous unissait à notre mère, d'arriver à séparer ce qui nous a plu, que l'on veut garder et ce qui nous a fait mal et qu'on souhaiterait ne pas reproduire, afin d'acquérir plus de liberté dans notre rôle de mère.

## La transmission de la dépendance

Si nous avons eu une mère qui attendait de nous de combler sa carence affective, elle n'a pas pu apporter l'étayage nécessaire pour nous donner confiance en nous et nous permettre de nous aimer. Le risque est que nous recherchions chez notre fille l'affection et la sollicitude qui nous ont manqué avec notre mère. Nous avons alors besoin de notre fille, nous attendons d'elle qu'elle nous apporte ce que notre mère n'a pu nous apporter, et nous risquons d'être incapables de lui donner ce dont elle a véritablement besoin. C'est la fille qui a besoin de sa mère pour se construire, et non l'inverse.

Si nous avons l'impression que nous avons besoin de notre fille, c'est que nous la plaçons à une place qui n'est pas la sienne, celle de notre mère.

> Patricia, 45 ans, a deux enfants, une fille et un garçon. Elle a une relation très fusionnelle avec sa fille : « Elle est une partie de moi-même. » Elle ne sépare pas bien sa vie, ses sentiments, de ceux de sa fille. Quand elle est triste, elle est persuadée qu'elle rend sa fille triste. Inversement, quand sa fille va mal, elle est bouleversée, et vit sa souffrance. Elle a toujours voulu avoir une relation très intime avec sa fille, à qui elle s'est beaucoup confiée. Elle attendait d'elle un soutien, une écoute. Quand sa fille se rebelle et refuse de jouer le rôle de mère, elle se sent rejetée, mal aimée, et lui en veut. Elle devient à son tour rejetante et accusatrice : « J'ai tout fait pour toi, et voilà comment tu me remercies. Tu es ingrate et méchante. » Pourtant, Patricia veut le bien de sa fille, et ne comprend pas pourquoi la relation devient si compliquée.
>
> Patricia a eu une mère, qu'elle savait malheureuse. Elle a toujours été présente pour sa mère. Celle-ci n'était pas affectueuse, mais Patricia savait que sa mère avait besoin d'elle. Elle est toujours restée connectée avec elle, voulant toujours la satisfaire,

mais recevant peu de ce dont elle avait besoin. Elle a toujours regretté que sa mère ne se confie pas à elle, elle aurait aimé plus d'échanges.
Alors elle aime penser qu'elle a créé avec sa fille une relation de complicité, ce qui la différencie de sa relation à sa mère. Mais ce qu'elle ne voit pas, c'est qu'elle attend de sa fille d'être aimée, conseillée, soutenue, exactement ce que sa mère attendait d'elle. Sa mère malheureuse ne « tenait » pas toute seule alors Patricia la soutenait. Mais elle n'est pas plus capable qu'elle de donner à sa fille ce qu'elle attend : de l'attention, du soutien, un encouragement à l'indépendance. Sa mère était dépendante d'elle, maintenant Patricia est dépendante de sa propre fille. Et elle lui en veut de ne pas lui apporter ce qu'elle ne devrait pas attendre d'elle : d'être aimée d'un amour maternel.

## La transmission de la faille narcissique

Une femme qui ne s'aime pas et qui trouve que sa fille ne comble pas son manque mais la dévalorise encore davantage risque de rejeter cette pauvre enfant et d'être incapable de ressentir de l'amour pour elle. Elle peut la rendre responsable de lui gâcher la vie, de ne pas être ce qu'elle attendait, de ne pas être satisfaisante. Ce manque d'amour va rendre sa fille vide d'amour-propre, vide d'estime d'elle-même, vide du sentiment d'avoir le droit de vivre. On peut dire qu'il y a une transmission de la carence narcissique de mère à fille. On ne peut transmettre que l'amour que l'on a reçu. Quand il a manqué, il faut avoir fait des rencontres réparatrices, avoir entrepris un travail sur soi pour arriver à donner l'amour nécessaire et indispensable à tout enfant. Donner et faire du bien aux autres renforce l'estime de soi, et permet à la colère emmagasinée contre soi de diminuer. On se réconcilie avec soi et avec les autres.

L'amour existe, il faut savoir le trouver là où il est et en bénéficier. Rester dans l'insatisfaction et les reproches signifie qu'on reste figée dans son incapacité à s'aimer, et qu'on ne comprend pas l'origine de ses souffrances. Adulte, ce ne sont pas les autres qui nous font mal, c'est le manque d'amour qui vient de l'enfance. Comprendre cela, c'est ouvrir une porte sur les autres, commencer à être capable de voir le bien qu'ils peuvent nous apporter (et non les déceptions), ne pas en attendre plus qu'ils ne peuvent donner. Commencer aussi à pouvoir donner sans rien attendre en retour.

Dès qu'il donne, l'adulte carencé attend tellement en retour qu'il est en permanence déçu. Rien n'est jamais gratuit, donné pour le plaisir de donner. Cet adulte attend qu'on l'aime, qu'on s'intéresse à lui, qu'il devienne le centre des préoccupations de l'autre. Quand on se place dans cette attente, le risque est d'être éternellement insatisfait.

## La transmission de la rivalité

Une femme qui n'a pas pu exprimer sa rivalité avec sa mère craint que toute autre femme la domine et l'empêche d'avoir sa valeur propre. Sa mère ne lui a pas permis de s'affirmer en tant que femme, et sa confiance en elle, ou en sa féminité, est altérée. Cette femme risque de voir en sa fille une rivale capable de la déposséder de ce qu'elle a.

Si la mère se sent menacée et supporte mal l'évolution de sa fille, si elle a du mal à accepter de la voir devenir séduisante, elle doit s'interroger sur les raisons de son hostilité. Pourquoi ne se réjouit-elle pas de l'épanouissement de sa fille ? A-t-elle peur d'y perdre quelque chose ? Et ce quelque chose, ne serait-ce pas l'assurance de sa valeur féminine qu'elle n'a pas véritablement acquise ? Sa mère prenait-elle trop de place, avait-elle trop de pouvoir ?

Une femme confiante en elle qui sait ce qu'elle vaut, qui sait profiter de la vie, ne se sent pas menacée par les autres femmes, ni par sa mère ni par sa fille. Quand l'autre femme est systématiquement ressentie comme une menace, c'est la relation à la mère qui doit interroger.

## La transmission de la non-séparation

Quels sont les schémas psychologiques sous-jacents à ces transmissions de mères en filles ?

Lorsqu'une mère se montre « insuffisamment bonne » dans le sens où elle ne peut apporter à son enfant des réponses adaptées à ses besoins, elle présente le plus souvent des carences narcissiques qui expliquent ses comportements et qui compliquent la relation. Ce narcissisme maternel mal assuré s'accompagne d'un défaut de séparation d'avec sa propre mère. L'un induisant l'autre et inversement.

Une mère insuffisamment ou non séparée de sa propre mère aura du mal à supporter le processus de séparation d'avec sa fille, ce qui deviendra ensuite le problème de la fille. La transmission entre femmes est une notion bien connue. L'identification, la confusion des identités lient la mère et la fille. La mère transmet son conscient et son inconscient. C'est à partir de ces messages que la fille se construit. Elle doit pour se trouver distinguer ce qui lui correspond de ce à quoi elle n'adhère pas. *La transmission de la relation fusionnelle entre mère et fille est sans doute la première des notions à remettre en question.* Car c'est la dépendance qui l'accompagne. Et la dépendance de l'autre ne conduit ni à l'autonomie ni à la liberté d'être soi.

Une femme indépendante qui se sent différente de sa mère (pas opposée, car l'opposition systématique maintient le lien), qui s'accepte en tant que telle, qui n'a plus besoin du regard approbateur de sa mère, qui se permet de dire ce qu'elle pense à sa mère dans un rapport d'égalité et de respect, qui a le propre sentiment de sa valeur qui ne dépend pas du regard des autres, est une femme qui a effectué un chemin de séparation constructif.

Elle abordera la relation à sa fille, en supportant et surtout en facilitant la séparation d'avec elle. Elle sait ce qui a été bon pour elle, elle sait ce qui est bon pour sa fille : la respecter en tant qu'autre, en tant qu'être « différent », accepter son désir de vouloir s'affirmer, s'opposer, rivaliser, être capable de donner de l'affection, de l'amour, sans rien attendre en retour. La gratitude vient d'elle-même quand l'enfant a reçu l'affection dont il avait besoin. Mais que se passe-t-il pour la fille qui n'a pas eu une mère qui fonctionne ainsi ?

La mère parfaite n'existe pas. Mais celle qui est insatisfaite de sa vie et qui investit son enfant, sa fille, pour combler le manque sera toujours déçue. La fille n'est pas là pour la satisfaire. La femme qui justifie de rester dans une vie qui ne l'épanouit pas pour le bien de ses enfants (ne pas divorcer, ne pas travailler) est dans l'erreur. Elle en voudra à ses enfants de son insatisfaction et leur fera porter la responsabilité de son malheur. Et elle transmettra son insatisfaction à sa fille.

Elle ne supportera pas que sa fille profite d'avantages qui lui ont été refusés. Une mère aigrie, frustrée est incapable de se réjouir du bonheur de sa fille. C'est le malheur des femmes que d'être élevées par une mère non épanouie et qui investit la maternité en croyant y obtenir ce qu'elle ne sait pas obtenir par elle-même. « C'est un leurre encore plus décevant que de rêver atteindre par l'enfant une plénitude, une chaleur, une valeur qu'on n'a pas su créer soi-même ; il n'apporte de joie qu'à la femme capable de vouloir avec désintéressement le bonheur d'un autre, à celle qui sans retour sur soi cherche un dépassement de sa propre existence. Certes, l'enfant est une entreprise à laquelle on peut valablement se destiner ; mais pas plus qu'aucune autre elle ne représente de justification toute faite ; et il faut qu'elle soit voulue pour elle-même, non pour d'hypothétiques bénéfices[20] », écrit S. de Beauvoir.

Une mère insatisfaite, qui ne sait pas utiliser ses capacités pour s'épanouir, ne supportera pas que sa fille puisse jouir de la vie, et ressentira de l'hostilité à son égard. La nature humaine est ainsi faite. Elle ne trouvera en sa fille ni l'amour, ni la réparation narcissique qu'elle attend, et n'acceptera pas que sa fille trouve des satisfactions qu'elle n'a pas su trouver pour elle. Elle transmettra alors son incapacité à trouver son épanouissement, et ainsi de suite, de mères en filles.

Les mères soumises à leur mari, par exemple, sont les premières à ne pas supporter que leur fille s'affranchisse de la domination de l'homme. Elles justifient ainsi leur propre domination qu'elles ont supportée toute leur vie, et ne peuvent tolérer que leur fille vienne leur montrer qu'elles ont eu tort de se comporter ainsi, de les remettre en question. Elles préfèrent sacrifier la liberté de leur fille, comme elles ont sacrifié la leur. « C'est un criminel paradoxe que de refuser à la femme toute activité publique, de lui fermer les carrières masculines, de proclamer en tout domaine son incapacité, et de lui confier l'entreprise la plus délicate, la plus grave aussi qui soit : la formation d'un être humain[21]. » Pour reprendre cette idée fondamentale de Simone de Beauvoir, on peut dire que l'éducation est essentielle et que l'éducation des futures femmes s'effectue par les femmes. Les mères doivent avoir atteint un certain degré d'indépendance pour accepter que leur fille y accède également. Malheureusement, celles qui n'ont pas pu goûter à l'épanouissement de la liberté, ne peuvent éduquer leur fille dans ce sens. La mère est la référence, elle est toute-puissante. C'est elle qui transmet sa vision de la vie. Elle n'a pas toujours raison ; mais c'est elle qui transmet.

La « meilleure » mère est celle qui s'épanouit dans sa vie de femme, avec son mari, avec ses activités hors de la maison. Elle n'attend alors rien de sa fille, elle donne son amour, son temps, pour l'accompagner dans sa découverte d'elle-même. Elle n'a pas de ressentiment, n'éprouve pas de déceptions, de colères envers sa fille, puisqu'elle n'en attend rien d'autre que son épanouissement. « C'est la femme qui a la vie personnelle la plus riche qui donnera le plus à l'enfant et qui lui demandera le moins, c'est celle qui acquiert dans l'effort, dans la lutte, la connaissance des vraies valeurs humaines qui sera la meilleure éducatrice[22]. »

TROISIÈME PARTIE

# La libération de la fille

Nous avons parlé tout au long de ce livre, des conséquences de la relation mère-fille : le sentiment de valeur que l'on a de soi, le type de relations que l'on noue avec les autres, les hommes, les enfants. La relation à la mère colore notre vie, de façon plus ou moins heureuse, de façon plus ou moins douloureuse. Il est important d'en prendre conscience pour acquérir la liberté d'être, pour soi, et ensuite pour ses enfants.

## Les éléments fondamentaux de la construction de la personnalité

On peut essayer de distinguer un certain nombre d'éléments essentiels qui vont aider à la structuration saine de la personnalité de l'enfant. Il me semble qu'il est important, en tant que fille, de se poser la question de ce qu'on a reçu. Qu'est-ce que dans notre enfance notre mère était capable de nous apporter ?

- *L'écoute,* l'attention véritable portée sur l'enfant, qui donne le sentiment d'être intéressant.
- *L'acceptation,* le respect de l'enfant en tant qu'être distinct et différent, qui lui permet d'apprendre à se connaître

et à s'accepter avec des caractéristiques qui lui sont propres.
- *Des encouragements,* une mise en valeur des qualités pour que l'enfant acquière une confiance en lui-même, une bienveillance, un véritable désir que l'enfant progresse, grandisse et s'autonomise.
- *Un environnement sécurisant,* où l'enfant perçoit ses parents comme des adultes sur qui il peut compter, et qui ne s'effondrent pas quand il rencontre des difficultés.
- *Une séparation suffisamment claire* entre l'espace de vie des parents et celui de l'enfant : ce dernier doit pouvoir grandir en pensant normalement à lui, en se préoccupant de son propre apprentissage de la vie, tout en sachant que sa vie et celle de ses parents sont distinctes.
- *Une affection tendre* qui n'exclut pas le contact corporel qui permet de se sentir à l'aise dans l'intimité physique.
- Des personnalités parentales suffisamment stables auxquelles l'enfant peut s'identifier de façon structurante.

Il est rare que notre mère ne nous ait rien apporté de bon, ou à l'inverse qu'elle ait été totalement parfaite. C'est pourtant une tendance assez fréquente de percevoir ses parents d'une façon dichotomique : soit ils sont totalement aimants, soit ce sont les pires parents qui soient. Les choses sont plus nuancées, plus subtiles. Notre mère pouvait être chaleureuse, douce et soucieuse de nous aider. Cela nous a permis d'apprécier un climat affectif tendre où nous nous sentions soutenues et écoutées. Mais notre mère était également insécure, dépendante de nous, culpabilisante, elle nous a transmis son insécurité, et ne nous a pas apporté le véritable intérêt qui nous aurait donné le sens de notre valeur. C'est son état de dépendance qui nous a porté préjudice, et non sa tendresse et sa disponibilité.

Alice Miller retient un certain nombre de caractéristiques indispensables pour l'édification d'un narcissisme sain[1].

• Le narcissisme maternel est suffisamment stable :
- pour soutenir l'enfant, sur lequel il puisse se tenir, puisse compter. L'enfant peut « utiliser » ses parents, les « employer », comme le dit Winnicott, car ils ne sont pas dépendants de lui ;
- pour accepter les sentiments agressifs de son enfant sans qu'elle se sente détruite ;
- pour qu'elle n'attende pas de son enfant qu'il vienne « combler » ses failles ou qu'il corresponde à son idéal de soi.

• La mère accepte l'autonomisation de son enfant.
Ses tentatives vers l'autonomie seront acceptées et ne seront pas considérées comme des agressions.

• L'amour maternel qui structure :
- le vrai soi de l'enfant peut se développer, car il est accepté par sa mère, qui l'accompagne de toute sa bienveillance dans son développement en tant qu'autre ;
- le fait d'avoir été aimé pour lui-même permet à l'enfant d'intégrer cet amour à l'intérieur de lui, et d'être capable d'aimer l'autre à son tour de façon saine ;
- les sentiments ambivalents de l'enfant ayant été acceptés, ayant pu être vécus, il a pu apprendre à « *vivre aussi bien son Soi que l'objet comme étant à la fois* bons *et* méchants », sans développer une vision dichotomique de lui-même et des autres : soit totalement bonne ou totalement mauvaise.

## Comprendre la relation, sortir de l'idéalisation

Cela suppose de faire un retour en arrière sur son enfance pour comprendre ce que nous avons vécu avec notre mère, quel était le type de relation qui nous unissait l'une à l'autre. Qu'est-ce que nous recevions de notre mère et qui nous faisait du bien, et qu'est-ce que nous ne recevions pas ? Comprendre, c'est commencer à « considérer son propre destin avec empathie[2] », comme le dit A. Miller. C'est commencer à se réapproprier sa propre existence.

Comprendre la relation, c'est reconnaître ses sentiments, et identifier leurs origines.

Nous devons réfléchir sur ce que notre mère a été capable de nous apporter, reconnaître le bien que cela nous a fait. Mais nous devons aussi nous questionner sur ce qu'elle n'a pu nous donner, et qui nous manque aujourd'hui.

Pourquoi la relation avec elle est-elle compliquée aujourd'hui ? Pourquoi avons-nous le sentiment parfois de ne pas être comme il faut ? Pourquoi sommes-nous parfois déçues par ses réactions, qu'en attendions-nous ?

Dans notre enfance, la relation a pu être frustrante, nous l'avons oubliée, mais si nous sommes honnêtes envers nous-mêmes, nous savons qu'elle se comportait déjà comme cela, et que nous en souffrions.

Pourquoi nous sentions-nous coupables ? Étions-nous si mauvaises que cela ? Qu'est-ce que notre mère nous demandait ? Est-ce que c'était normal, ou avons-nous appris à satisfaire son désir jusqu'à oublier le nôtre ? Est-ce que nous n'attendions pas en permanence son amour, et pour cela nous avons sacrifié beaucoup de nos désirs pour correspondre à ce qu'elle attendait ? Pourquoi attendait-elle de nous certaines choses, et pourquoi nous sentions-nous parfois rejetées ? Pourquoi avions-nous le sentiment de souffrir, de ne pas pouvoir exprimer certaines choses, alors qu'elle nous disait qu'elle nous aimait « plus que tout » ?

Nous avons tellement eu besoin de garder notre mère « idéale », que nous ne pouvons pas comprendre qu'elle ait pu nous faire du mal, c'est nous qui sommes méchantes. Il faut absolument pouvoir se dégager de cette vue enfantine de la relation, et commencer à ouvrir les yeux sur la réalité. Cela ne signifie pas en vouloir à sa mère, mais comprendre qu'elle n'a pas pu être totalement satisfaisante (c'est impossible), et qu'il faut admettre les conséquences.

Melanie Klein insiste sur la nécessaire idéalisation de la mère dans l'enfance, pour pouvoir investir l'indispensable bon objet dont nous avons besoin, enfant, pour nous construire. « L'idéalisation découle du sentiment inné qu'il existe un sein maternel "extrêmement bon", sentiment qui aboutit à désirer intensément un bon objet et à être capable de l'aimer. C'est là, semble-t-il, une condition même de la vie ou, si l'on veut, une expression de l'instinct de vie[3]. » L'idéalisation est d'autant plus nécessaire que la mère n'est pas perçue comme bonne et ne comble pas les attentes de l'enfant. Les frustrations occasionnent la colère et l'angoisse de persécution qui s'ensuit. « L'idéalisation est un dérivé de l'angoisse de persécution et constitue une défense contre elle[4]. » Il est important de reconnaître le processus d'idéalisation que nous avons mis en place, qui nous a donné l'impression d'être aimées en toutes circonstances, alors que c'était justement le manque d'amour qui nous a amenées à idéaliser notre mère de cette façon. *L'idéalisation, observée dans la pratique clinique, est d'autant plus tenace que la relation à la mère a été insatisfaisante, compliquée ou frustrante.* La mère est idéalisée pour des raisons liées au développement de l'enfant, mais lorsque l'idéalisation apparaît dans toute son évidence, le sujet commence à reconnaître la réalité de ses ressentis de frustration, de colère et à se réapproprier son vrai soi.

Non, notre mère n'était et n'est pas parfaite (et cela ne peut être autrement) et nos souffrances sont sans doute en partie liées à cette relation. Peut-être n'a-t-elle pas pu être là pour nous dans certains domaines, peut-être n'a-t-elle pas pu être bienveillante à notre égard à certains moments. Peut-être ne nous a-t-elle pas apporté l'amour, la compréhension, les encouragements que nous attendions à certains moments de notre vie. Se réjouissait-elle de nous voir grandir, ou s'attachait-elle à nous appeler son bébé avec nostalgie ? La plupart des mères justifient leur comportement auprès de leur fille en leur disant que c'est pour leur bien. La question qu'il faut se poser en tant qu'adulte est de savoir comment notre mère était capable de nous aimer : qu'était-elle capable de nous donner par amour, et que n'était-elle pas capable de faire ? Il est important de faire la part des choses, d'arriver à ne plus voir de l'amour là où il n'y en avait pas. « L'amour n'est pas un sentiment indivisible. Notre tâche d'adulte est de séparer les éléments contenus dans le gros paquet que nous tenons de notre mère et qu'elle appelait amour, d'y prendre ce qu'elle nous donnait effectivement et de chercher dans le monde réel tous les autres éléments que nous n'obtenions pas d'elle[5] », dit le Dr Robertiello.

Si notre mère ne pouvait supporter certains de nos traits de caractère, liés à sa propre histoire, qui l'empêchaient de nous accepter dans notre globalité, alors nous avons appris à détester ces particularités, estimant que notre mère avait raison de les rejeter. Il est important une fois adulte de comprendre ce qui, dans ce rejet, avait à voir avec sa problématique personnelle. Comprendre cela, c'est commencer à se regarder avec d'autres yeux, et non plus avec ceux de notre mère, c'est accepter certains traits de notre personnalité que l'on avait appris à détester, c'est admettre que certains de nos défauts supposés n'ont existé que dans l'esprit de notre mère.

## Distinguer les bons des mauvais côtés maternels

Lorsqu'on est enfant, on ne sait pas faire la part des choses. La bonne et la mauvaise mère sont confondues. Il est difficile de reconnaître de façon objective ce qui nous plaît et ce qui ne nous plaît pas chez notre mère. Par exemple, une mère a pu être appréciée pour sa douceur, son écoute ; mais critiquée pour sa surprotection étouffante. Si on ne sépare pas ces différents éléments, on risque de les garder liés entre eux. Si nous ne critiquons pas notre mère objectivement, nous risquons de répéter les bons comme les mauvais aspects. Par contre, si nous lui en voulons et nous nous évertuons à ne pas lui ressembler, nous rejetons en bloc les mauvais mais aussi les bons côtés. Ainsi, ne voulant pas être surprotectrices, nous ne serons pas douces non plus, car tout est inconsciemment mélangé.

Comme dans *Cendrillon*, la fille doit séparer la « bonne » de la « mauvaise » mère. Elle doit parvenir à distinguer les bons des mauvais côtés. Petite fille, elle a peut-être été aimée, entourée de bienveillance, mais quand elle est devenue autonome, elle a pu se sentir rejetée. Ce rejet n'était pas de l'amour. C'était tout sauf de la bienveillance. Si elle comprend cela, elle peut commencer à détacher les mauvais côtés maternels, les séparer de ce qu'elle croyait être normal et aimant. Elle peut se défaire de ces mauvais côtés auxquels elle s'était identifiée. Elle cesse de croire son autonomie malsaine et devient capable d'accepter l'indépendance de ses proches (son mari, ses enfants). La confusion de la bonne et de la mauvaise mère conduit l'adulte à ne pas reconnaître les mauvais côtés. S'il n'en prend pas conscience, il répète les mauvais côtés sans comprendre pourquoi. *La répétition s'estompe quand l'adulte commence à critiquer certains comportements parentaux* et prend conscience de la souffrance qu'ils provoquaient en lui. Lorsqu'on a conscience d'avoir souffert de quelque chose, de trop de sévérité par exemple, on devient capable de ne pas la reproduire.

Reconnaître que notre mère n'a pas été idéale permet de commencer à la percevoir avec plus de sens critique et d'objectivité, car l'idéalisation dénature notre regard sur elle. En tant qu'adulte, nous devons ouvrir les yeux et considérer notre mère comme une personne autre, avec ses qualités et ses défauts.

## *L'autre n'est ni « tout blanc » ni « tout noir »*

Ce changement de regard permet également de *cesser d'être toujours dans l'idéalisation avec les autres,* à imaginer toute nouvelle relation comme parfaite, sans défaut, et subitement le jour où une faille apparaît, à ne plus attribuer aucune valeur à cette relation.

Par exemple, lorsque nous nous épanouissons avec l'être aimé, nous le considérons comme le plus merveilleux de la terre. Mais, à la suite d'une forte contrariété, il peut devenir le plus misérable qui ne nous fait que du mal. Il est difficile, du moins affectivement, de concevoir qu'une même personne puisse être à la fois satisfaisante et frustrante. Personne n'est parfait, personne ne peut répondre à toutes nos attentes. Ce n'est pas une catastrophe, c'est normal. Si nous le percevons comme une terrible vérité, c'est que nous attendons toujours de l'autre qu'il soit idéal.

Notre mère n'a peut-être pas su être « suffisamment bonne », nous nous sommes défendus en la rêvant idéale. Si nous l'avions perçue dans sa réalité, si nous avions accepté ses failles, nous saurions que l'amour humain apporte des satisfactions mais aussi des frustrations, et que nous pouvons survivre à cette réalité. Nous n'attendons plus alors de l'autre autre chose que ce qu'il est capable de nous donner ; nous nous satisfaisons de ce qu'il nous donne (si la relation est affectueuse) et nous devenons capables de donner en retour.

Selon Melanie Klein, le clivage entre le bon et le mauvais objet est un processus normal et indispensable chez le très jeune enfant pour intégrer le bon objet. Ensuite, ce clivage s'estompe et l'enfant apprend à reconnaître différents éléments chez la même personne. Il apprend à accepter que sa mère puisse avoir des bons mais aussi des mauvais côtés. Son moi est assez stable pour dépasser ce stade du clivage. Le monde n'est pas totalement noir ou totalement blanc. L'enfant devient capable d'aimer les autres en dépit de leurs défauts. Il accepte l'idée qu'il peut y avoir du bon et du mauvais chez une même personne, sans que les mauvais aspects détériorent son image globalement positive.

## Nous ne sommes ni « géniaux », ni « ignobles »

Cette dichotomie entre bons et mauvais côtés maternels, nous risquons de l'appliquer aussi à nous-mêmes, en nous créant un moi idéal qui, seul, nous paraît digne d'être aimé. Nous ne nous autorisons alors aucune défaillance. Soit nous nous détestons et nous ne voyons en nous que des mauvais aspects. Soit nous voulons être « merveilleuses », parfaites, cela évoque la grandiosité dont nous avons déjà parlé, et nous n'acceptons aucune défaillance au risque de nous détester complètement. N'ayant pas été acceptées telles que nous étions par notre mère, nous n'avons pas appris à nous accepter, avec nos qualités et nos défauts. Nous continuons à nous voir avec les yeux de notre mère. Souhaitons-nous continuer à nous regarder et vivre ainsi ? Si oui, c'est que nous voulons préserver cette relation que nous trouvons sécurisante, car c'est la seule que nous connaissons, alors même que cette « sécurité » nous empêche de nous aimer sereinement.

En comprenant pourquoi nous avons créé cette image idéale de soi (que l'on imagine seule digne d'être aimée), nous pourrons *« lâcher » ce moi idéal*, cesser de nous fixer des objectifs démesurés et accepter de faire des erreurs ; en somme accepter de ne pas être « parfaites ».

## Accepter ses sentiments, comprendre l'origine de ses colères

Petite fille, nous n'avons pas pu exprimer un certain nombre de sentiments, parce qu'ils n'étaient pas tolérés, parce que nous ne voulions pas perdre l'affection de notre mère.

Par exemple, être en colère, émettre une critique, exprimer un désaccord, un mécontentement n'étaient pas permis. Nous devions être sages, de gentilles petites filles qui ne posent pas de problèmes. Il y a ainsi de nombreux sentiments que nous avons refoulés ou considérés comme mauvais. Alors, quand aujourd'hui ces sentiments réapparaissent, on a tendance à les croire malsains et à ne pas vouloir en rechercher l'origine. C'est l'attitude typique des personnes qui ne peuvent exprimer leurs sentiments de désagrément au jour le jour, qui les accumulent, et se permettent de les exprimer seulement quand leur colère déborde. Se réapproprier ses sentiments, comprendre pourquoi on se les interdit et se poser la question de leur justification conduit à accepter une part de soi que l'on avait mise de côté.

Certaines femmes ne se permettent pas d'être en colère, elles « somatisent », ont mal partout sans savoir pourquoi. D'autres sont en colère tout le temps, mais contre elles-mêmes. Insatisfaites, elles passent leur temps à se faire des reproches. Enfin il y a des femmes qui sont en colère contre tout le monde, elles pensent que c'est toujours de la faute des autres. Quels que soient les cas, on en revient toujours à une insatisfaction première, un narcissisme défaillant. Ces femmes ne s'aiment pas et ne savent pas pourquoi. Quand elles en connaissent les raisons, elles peuvent ressentir de la colère contre leur mère, colère qu'elles ne s'étaient jamais permis d'exprimer ni même d'éprouver auparavant.

Reconnaître l'origine de sa colère permet de ne plus la déplacer ailleurs : on reconnaît la réalité de son histoire et on commence à avoir de l'empathie pour soi.

Lorsqu'on identifie l'origine de ses ressentiments, on peut commencer à ne plus voir en l'autre uniquement un mauvais objet. C'est au-delà de l'hostilité que l'on retrouve la possibilité de considérer l'autre comme « bon », qu'on devient capable de recevoir ce qu'il nous donne, de s'en nourrir, et de pouvoir donner en retour.

C'est également en dépassant l'hostilité contre soi, la culpabilité, qu'on peut *apprendre à s'aimer soi-même*.

## Accepter la réalité de la relation à sa mère

Accepter la réalité de la relation, c'est comprendre que notre mère n'a pas pu nous apporter à des degrés divers tout ce dont nous avions besoin. Cela ne peut être autrement, aucune mère ne peut combler son enfant totalement. C'est cesser de s'illusionner. Pour devenir adulte, il faut cesser de porter un regard d'enfant sur notre mère. Quelle qu'ait été notre mère, nous devons accepter de la voir avec ses qualités et ses défauts. Ce devrait être simple, et pourtant ça ne l'est pas. Quand l'idéalisation persiste, lorsque la critique est impossible, on doit s'interroger sur les raisons qui nous empêchent d'être lucides. Plus notre mère a été « difficile », et plus nous nous accrochons à nos illusions qui nous ont permis de survivre quand nous étions enfants. Le temps est arrivé maintenant de voir la réalité en face. Si notre mère ne nous a pas apporté un certain nombre de choses, il est illusoire de les attendre encore. Pourtant, c'est ce que l'on observe fréquemment : les femmes qui n'ont pas reçu assez d'écoute, de bienveillance, l'attendent toujours, malgré les années qui passent et qui ne changent rien. Elles croient encore qu'un jour leur mère changera, deviendra ce qu'elles auraient voulu qu'elle soit quand elles étaient petites. Malheureusement elles se trompent et perdent leur énergie avec leurs illusions. En tant qu'adulte, *il faut arrêter d'attendre de notre mère ce qu'elle n'a pu et ne peut nous apporter.* Le fantasme de la « bonne » mère doit cesser.

Accepter la réalité de notre mère nous permet de clarifier et d'affiner notre jugement, ce qui nous aide à porter un regard plus objectif sur les autres. Nous apprenons à reconnaître leurs qualités que l'on apprécie, et déterminons plus nettement le sens de nos propres valeurs. Nous apprenons également à distinguer les travers des fonctionnements d'autrui, et acquérons un niveau de maturité et de lucidité qui nous aide dans nos relations aux autres.

## Connaître l'histoire maternelle

Il est difficile de porter un regard objectif sur notre mère justement parce que c'est notre mère. La considérer comme une femme, avec suffisamment de distance pour gagner en lucidité, passe par une meilleure connaissance de son histoire de petite fille, ses rapports avec ses parents. Beaucoup de mères ne racontent rien d'elles à leur fille. En psychothérapie, on constate très souvent que les femmes savent très peu de choses sur le passé de leur mère. Parfois rien n'a été dit, parfois les questions sont restées sans réponse ou ont été repoussées sans ménagement. Les filles ont appris à se contenter du discours limité et stéréotypé, et n'ont pas appris à aller au-delà. Tenter de comprendre sa mère, savoir pourquoi elle se comporte de telle ou telle manière est une aide puissante pour sortir de la relation sereinement. Nous apprenons à appréhender notre mère en dehors de nous, à comprendre qu'elle a ses propres mécanismes psychologiques induits par son histoire. J'invite souvent les femmes à poser des questions, à s'interroger, à s'intéresser à leur mère comme elles pourraient le faire avec n'importe quelle autre personne. C'est pourtant précisément avec leur mère qu'elles n'osent pas, ayant l'impression d'être dans la transgression, si elles franchissent les limites de la connaissance habituelle. Pourquoi une fille n'aurait-elle pas le droit de poser des questions si une interrogation surgit ? « Cela ne te regarde pas », dit la mère. De quoi a-t-elle peur, d'être jugée ? de perdre l'ascendant ? La réaction est toujours riche d'enseignements.

Quelle que soit la relation, il y a toujours des explications, des causes à rechercher. En faisant ce travail d'exploratrice, la fille adopte une autre position, elle se place hors de la relation. Ce qui l'aide à prendre de la distance. C'est aussi une porte de sortie de la toute-puissance infantile, de la culpabilité. Si nous parvenons à ne plus nous croire responsables du comportement de notre mère (de sa tristesse, de son incapacité à jouir de la vie, de sa colère, de ses critiques perpétuelles, ou de son désintérêt...), nous cessons de nous sentir coupables de tout.

Adèle, dont on a déjà parlé, comprend mieux pourquoi sa mère a été rejetante à son égard. Sa mère a eu un premier enfant avec un homme marié, mais sa famille l'a contrainte à l'abandonner. La douleur, la culpabilité l'ont empêchée d'investir l'enfant qu'elle a eu ensuite avec son mari légitime. Elle a pris en grippe Adèle. Elle a fait payer à cette enfant, acceptée par sa famille, la douleur de son mariage forcé et sa souffrance. Elle a projeté sur Adèle sa propre hostilité contre elle-même ; l'enfant était devenue son persécuteur. Quand Adèle a compris ce qui s'était joué avant sa naissance, elle a pu accepter cette autre vérité : elle n'avait pas été aimée, non parce qu'elle ne le méritait pas, mais en raison de l'histoire maternelle. Ce travail d'acceptation a été long et difficile, mais il est progressivement devenu une évidence pour Adèle. Elle a été victime d'une histoire qui s'était déroulée bien avant sa naissance.

## Se libérer

Se libérer, c'est la capacité de créer sa vie avec ses propres critères, sans plus dépendre de l'approbation maternelle. C'est aussi la libération d'avec une lourde histoire féminine de dépendance, transmise, malgré les avancées, de mères en filles.

### *Se permettre d'avoir l'esprit critique*

De nombreuses femmes ont été élevées dans l'idée qu'elles n'ont pas le droit de critiquer et de porter un jugement sur leur mère (ou leurs parents). Ces femmes se sentent coupables si elles se permettent d'avoir un esprit critique. En consultation, lorsqu'elles commencent à parler de leur mère, elles paraissent soulagées, puis très vite se sentent honteuses de s'être permis de « critiquer », d'avoir pu dire du mal. « Si elle m'entendait ! » disent-elles, épouvantées. La séparation est si peu faite entre leur mère et elles qu'elles craignent que leurs mauvaises pensées puissent être entendues par leur mère. Il est parfois pour certaines très compliqué de dépasser ce frein.

Quand la fille est petite, elle idéalise sa mère. En grandissant, elle commence à la voir différemment, s'aperçoit de ses défaillances. Elle se sépare doucement de sa mère, apprend à distinguer ce qu'elle aime et ce qu'elle n'aime pas chez elle. Elle apprend à acquérir un esprit critique. C'est une étape saine qui doit être permise et comprise comme structurante. Mais certaines mères ne supportent pas d'être remises en question, que leur fille se permette de porter un jugement. Certaines pensent qu'elles ont fait au mieux, et que les reproches de leur fille sont d'une totale ingratitude. Ces femmes ne se sont pas autorisées à « critiquer » leur propre mère, et ne peuvent accepter que leur fille se permette ce qu'elles se sont interdit. Elles empêchent, ce faisant, le développement sain de l'esprit critique chez leur fille, espace pourtant essentiel à l'enfant lui permettant d'entramer le processus de séparation. « Six, sept ans, c'est déjà tard pour critiquer ses parents. [...] Des enfants qui, en grandissant, continuent à toujours faire plaisir à leurs parents, qui estiment que leurs parents ont toujours raison et sont toujours justes, sont des enfants en mauvaise santé[6] », écrit F. Dolto.

## *Se permettre de penser à soi, d'être soi-même*

Certaines femmes ne parviennent pas à penser à elles. Elles ne savent pas ce qu'elles aiment, pensent toujours aux autres en premier. Les autres ont plus d'importance qu'elles, elles les ont toujours fait passer d'abord. Ce sont des femmes très sensibles qui savent comprendre et aider les autres. Elles se montrent toujours disponibles ; mais elles s'oublient. Elles ne savent pas se préoccuper de ce qui pourrait leur faire plaisir. Ces femmes ont été élevées dans l'idée qu'il est égoïste de penser à soi, et que seul le dévouement aux autres est valorisé. Soit leur mère était en demande, et elles ont appris à y répondre en aidant. Soit leur mère s'est sacrifiée, et elles se sentent redevables, et ne s'autorisent pas à penser à elles. Soit encore le discours véhiculé était moralisateur : « Tu dois t'occuper des autres, c'est égoïste de penser à toi », elles sont alors convaincues qu'il est malsain de s'imposer, d'oser exprimer un désir, de dire « non » à une demande… Penser à soi est normal, et même indispensable à l'enfant pour se construire de façon saine. Ce qui est égoïste, c'est de ne pas penser aux autres. Mais penser à soi est sain. Pourtant, dans l'esprit de ces femmes, quand elles pensent à elles, elles sont égoïstes, coupables et font du tort aux autres. Ce qu'il faut qu'elles arrivent à intégrer, c'est qu'il est compatible de penser à soi et aussi aux autres, même si c'est pour elles difficile à concevoir. Contrairement à ce qu'elles croient, ne penser qu'aux autres est délétère pour soi mais également pour les autres. On se sent coupable et redevable envers quelqu'un qui s'oublie pour soi ! On se sent obligé de répondre au dévouement, on perd en liberté. Ce qui n'est pas le cas, face à quelqu'un qui pense aux autres sans s'oublier, sans y perdre.

Pour reconnaître son existence propre, en tant qu'être distinct de sa mère, différent, il faut avoir pu mettre une distance entre sa mère et soi. Si nous continuons à nous voir avec les yeux de notre mère, c'est que nous ne sommes pas séparées du jugement maternel. En continuant à nous voir ainsi, nous restons la petite fille qu'elle nous a dit que nous étions.

Pour arriver à être soi-même, savoir ce que l'on désire, savoir ce que l'on veut être et se sentir libre de choisir, il ne faut plus être dépendante de notre mère, comme lorsque nous étions enfants. *Nous ne devons plus être influencées par ce que pense notre mère, mais penser et agir en fonction de nos propres critères.* Notre mère pensait de telle ou telle manière, avait ses propres critères de ce qui est bien ou mal. Il est temps de laisser place à nos idées, qui peuvent être les mêmes, si c'est notre choix, ou bien différentes. Si cela est compliqué, c'est que notre mère décide toujours à notre place (du moins dans notre tête) et que nous sommes toujours dépendantes d'elle. En étant comme elle, nous sommes en terrain connu et en sécurité. Si nous aimons ce qu'elle était, tout va bien. Mais si ce n'est pas le cas, nous devons savoir en quoi nous voulons être différentes.

## Se méfier de la dépendance

La dépendance donne le sentiment d'être en sécurité, protégé. Rien n'est véritablement dangereux quand nous sommes avec notre mère. Si nous n'avons pas utilisé cette protection pour nous aider à nous autonomiser, nous restons dépendantes. Nous attendons de l'autre qu'il s'occupe de nous. Nous nous définissons en fonction de ce que les autres pensent de nous. Nous restons dans un état infantile, en attente d'être aimées pour avoir le sentiment de notre propre valeur. Nous n'osons pas trop nous aventurer vers ce qui pourrait nous donner confiance en nous. Nous avons peur, nous restons sous la protection maternelle. La peur de l'inconnu, la crainte de faire ses propres expériences sont normales. Mais si nous ne la dépassons pas, nous restons dépendantes, incapables de nous débrouiller seules.

La mère qui retient sa fille parce qu'elle n'a pas envie de la voir prendre son autonomie, parce qu'elle a besoin d'elle, entrave ses élans d'indépendance. Au lieu de l'encourager, elle la met en garde, la retient. La fille risque de rester avec sa mère par crainte de l'inconnu et de la perdre.

Mais la dépendance n'épanouit pas. Elle génère de la colère contre ceux dont on dépend. On en veut à celui qui détient le pouvoir. Il nous montre notre faiblesse. Nous sommes en colère et nous l'accusons : il ne donne jamais assez. Comme nous attendons tout de lui, il est toujours frustrant. Et nous pensons que l'autre est responsable de notre insatisfaction. Nous avons tort. C'est parce que nous sommes restées dans un état de dépendance que nous sommes insatisfaites. Il nous revient de trouver les moyens d'acquérir notre autonomie, notre indépendance, de rechercher par nous-mêmes des satisfactions. Qui nous en empêche ?

## *Se séparer, défaire doucement le lien*

C'est certainement une des choses les plus difficiles à faire, y parvient-on un jour vraiment complètement ? Nous naissons dépendantes avec le besoin d'être rassurées, entourées, approuvées, réconfortées. Si c'est le cas, nous prenons confiance en nous, nous apprenons à nous aimer. Le lien peut perdurer sans que nous croyions en souffrir. Pourtant cette dépendance doit s'interrompre quand nous sommes adultes, au risque de ne jamais être vraiment libres d'être ce que nous voulons. Si notre mère a été aimante, le processus de séparation est facilité, nous avons acquis un niveau de sécurité qui nous permet plus facilement de nous séparer. Par contre, si notre mère n'a pas su nous aimer comme nous en aurions eu besoin, nous restons en insécurité, et risquons de rester accrochées à ce lien pourtant délétère, gardant l'illusion qu'il nous protège de la solitude.

On ne parvient certainement jamais à être véritablement séparées, nous gardons toujours une part d'enfant qui a besoin d'être aimée, protégée. Mais il est bon de s'évertuer à progresser dans le processus de séparation, pour se dégager de la dépendance, pour se percevoir avec ses propres yeux, pour acquérir plus de liberté dans ses choix de vie. Notre mère ne doit plus nous diriger inconsciemment, nous devons arriver à ne plus dépendre de ce qu'elle pense de nous, de ce qu'elle est.

Pourquoi est-il si important de se séparer ? Parce que la compulsion de répétition conduit la fille à se comporter comme sa mère, même si elle a souffert des comportements en question. Elle reste liée à sa mère, elle croit toujours à l'amour présent dans tous les comportements maternels. Ce leurre qui lui permet de garder l'image de sa mère « bonne » l'empêche de se séparer et entretient la répétition.

Parfois, au contraire, la fille rejette tout ce qui vient de sa mère. Dans le choix de sa profession, dans ses relations avec son mari, ses enfants (elle sera proche de son mari, maternelle et ne travaillera pas), elle se positionne à l'opposé de l'image maternelle. Mais l'opposition systématique ne permet pas de choisir sa vie, elle impose de faire l'inverse. Le lien toujours présent dirige encore la fille.

Une femme qui a souffert de l'éducation maternelle voudra se comporter à l'opposé : sa mère était sévère, alors elle laisse tout faire à ses enfants ; sa mère ne s'intéressait pas à elle, elle envahit de questions ses enfants. Son comportement, encore une fois, dépend de ce que sa mère a été, mais n'est pas un comportement véritablement réfléchi et distancié permettant de savoir ce qui est bon pour l'enfant. Elle reste en quelque sorte liée à son manque d'amour reçu, elle craint en permanence que ses enfants ne l'aiment pas : elle cherche en ses enfants l'amour maternel qui lui a manqué. Tout est dans la répétition, mais la femme ne le sait pas. Elle croit faire bien en faisant l'inverse, mais elle n'a pas la notion de ce qui est véritablement bon pour son enfant (n'ayant pas reçu d'amour structurant, elle ne le connaît donc pas). Elle oscille entre la répétition et l'opposition, sans avoir de repères clairs sur la manière bienfaisante d'aimer son enfant.

La séparation doit permettre de pouvoir être mère « à sa façon », comme on veut l'être, et non plus comme notre mère a été ou nous a dit qu'on l'était.

> Une patiente a eu une mère inaffective, autoritaire, intolérante. Elle en a beaucoup souffert et s'en plaint. Elle ne veut surtout pas se comporter de la sorte avec sa fille. Alors, elle laisse beaucoup de liberté à sa fille et n'arrive pas à mettre de limites. Sa fille, qui a 3 ans, est coléreuse, en permanence désobéissante, en un mot infernale. Elle ne comprend pas pourquoi sa fille est si difficile, alors qu'elle se comporte avec elle à l'opposé de sa mère. Pour elle l'autorité est mauvaise puisqu'elle a été accompagnée d'un manque d'amour. Alors tout ce qui ressemble de près ou de loin à de l'autorité lui est insupportable. Elle ne comprend pas qu'il ne faut pas confondre autoritarisme et autorité. L'autoritarisme signifie usage abusif de l'autorité, sans respect de l'enfant. Mais mettre des limites à son enfant est indispensable et c'est d'ailleurs ce qu'il recherche quand il est insupportable.
> Cette patiente qui a souffert du manque d'amour de sa mère ne veut surtout pas déplaire à sa fille. Elle avoue être angoissée à l'idée que sa fille pourrait ne pas l'aimer. Elle reconnaît ainsi qu'elle attend que sa fille l'aime et modèle son comportement avec elle en fonction de cela. Elle veut séduire sa fille, ne veut surtout pas la frustrer, lui cède pour tout. Elle ne comprend pas que ce n'est pas ce dont sa fille a besoin. Elle ne se préoccupe pas de savoir ce qui est bon pour sa fille, son principal souci est de se faire aimer d'elle. Elle agit en fonction de son histoire personnelle, elle n'a pas une façon autonome et constructive de concevoir l'éducation. Elle n'est pas séparée de sa mère, et agit en fonction d'elle (même si elle croit l'inverse).

Sa fille manque de repères, elle n'a pas une mère qui l'accompagne dans sa construction d'elle-même, elle a une mère qui ne veut que lui faire plaisir. C'est l'enfant-roi avec toutes les conséquences désastreuses que l'on peut constater : l'enfant à qui l'on donne la capacité de décider de tout, de tout se permettre, avant qu'il soit en âge d'en être capable.

Pour que le processus de séparation s'amorce, *il faut accepter l'idée de se passer de l'approbation maternelle,* se permettre d'exprimer sa façon de voir les choses, même si on sait que cela peut lui déplaire. C'est oser et risquer de déplaire, donc s'affirmer et ne plus dépendre de l'amour maternel. Cette attitude peut amener certaines femmes à être rejetées par leur mère (et elles le savent, c'est ce qu'elles craignent). Mais si c'est le cas, que perdent-elles ? L'illusion d'être aimées ? Qu'est-ce que l'« amour » d'une mère qui ne peut tolérer la différence et l'indépendance de sa fille ? La peur de perdre l'amour de la mère est un puissant frein à la séparation.

La séparation d'avec la mère, comme on a tenté de l'expliquer, est plus difficile pour la fille que pour le garçon ou tout du moins paraît moins nécessaire à la fille qu'au garçon.

Ainsi, on remarque que les femmes ont tendance à aimer conserver les objets investis affectivement, ont du mal à se séparer de choses qui sont devenues inutiles ; elles aiment les collectionner, garder ; elles n'aiment pas perdre, même s'il s'agit d'un objet sans importance, mais investi affectivement. Elles peuvent être totalement désemparées par la perte d'un objet, même insignifiant. L'angoisse est là, incompréhensible par son ampleur. La séparation les renvoie à une angoisse plus ancienne, plus profonde, qu'elles n'ont pas encore réussi à dépasser. L'angoisse de se séparer de leur mère. Les hommes, par contre, ont moins de nostalgie, se séparent plus facilement ; ils ne comprennent pas bien pourquoi leur femme garde tous ces objets inutiles, ces vêtements usagés d'enfant, qui s'entassent... Eux, n'auraient pas d'état d'âme à faire le ménage, à s'en séparer.

## Oser prendre des risques, assumer ses responsabilités

La vie est pleine de richesses et peut apporter de nombreuses satisfactions, encore faut-il aller les chercher. Cela signifie prendre des risques, celui d'être déçue, celui de ne pas arriver à obtenir ce que l'on veut. Si ces risques nous arrêtent, nous restons dans un univers étriqué, sécurisé mais sans intérêt. Si nous affrontons ces risques, nous apprenons d'abord à connaître ce que l'on aime, ce qui nous satisfait, et nous apprenons aussi à dépasser nos peurs, cela nous enrichit, et renforce notre confiance en nous.

Nous apprenons que nous pouvons survivre aux déceptions, et que la peur ne doit pas nous arrêter pour aller chercher ce qui peut nous faire du bien.

Vivre, c'est prendre des risques, se mettre en danger. C'est également assumer la responsabilité de ses réussites comme de ses échecs. Rester dans la sécurité, protégé, dépendant, c'est rester à l'état d'enfant qui n'ose pas quitter les jupes de sa mère, et qui ne part pas à l'aventure de sa vie, à la découverte des richesses qu'elle peut lui apporter.

Dans notre société actuelle, la femme a maintenant les mêmes droits que les hommes. Elle peut choisir sa vie, personne ne lui impose une domination. La femme a la liberté de réfléchir à ce qu'elle veut et tenter de l'obtenir. La liberté a un prix, celui d'être responsable de sa vie, et de dépasser les peurs liées à l'autonomisation. Comme Simone de Beauvoir l'observait il y a un demi-siècle, certaines femmes préfèrent la soumission pour éviter la tension d'une vie authentique.

La dépendance à l'autre (le conjoint) peut être une solution pour éviter d'affronter le stress de la vie. Mais les hommes ne sont plus là pour nous empêcher quoi que ce soit. Si nous nous entravons face à ces nouvelles libertés chèrement acquises, nous devons également en assumer la responsabilité.

## L'aide de la psychothérapie

Le thérapeute offre un savoir théorique, amène le patient à comprendre l'origine de ses difficultés, de ses souffrances. Il accompagne le patient dans son introspection. Ce dernier prend conscience petit à petit de ses fonctionnements et les met en relation avec son histoire d'enfant. La confrontation de son savoir avec la réalité, l'amène à prendre conscience plus profondément, de façon émotionnelle, de l'interprétation qui lui est donnée. Assez vite le transfert entre le patient et l'analyste s'instaure. Ce processus conduit le patient à se confronter aux sentiments qu'il ressent envers l'analyste, à pouvoir les reconnaître et les analyser. Il appréhende également les transferts qu'il fait dans la vie avec les autres et apprend à les analyser, à la lumière de ses relations infantiles. Il comprend petit à petit pourquoi il se comporte de telle ou telle façon, pourquoi il recherche telle relation, pourquoi il se perçoit de telle ou telle manière. Son savoir d'abord intellectuel devient progressivement émotionnel et libérateur.

La compréhension des mécanismes de son fonctionnement demande du temps. Le patient se sent mieux, évolue vers plus de lucidité, puis les anciens mécanismes de pensée qui prévalaient depuis l'enfance reprennent le dessus. De nombreux éléments doivent être abordés pour qu'une synthèse libératrice s'opère de façon durable. La confrontation avec le thérapeute, le transfert permettent au patient de reconnaître, au fil du temps et de ses prises de conscience, ce qu'il répète de son histoire infantile.

Il faut remettre sans cesse sur le chantier ces fragments de lucidité introspective, rendre sans relâche les femmes conscientes des relations refoulées avant qu'elles ne soient vraiment appréhendées, avant que la vérité libératrice et affective soit intégrée une fois pour toutes.

# *Conclusion*

> « C'est seulement *au-delà* du sentiment profondément ambivalent de *la dépendance infantile* que se trouve la véritable libération[1]. »
>
> Alice MILLER.

Au cours de ces quinze dernières années, j'ai rencontré en consultation de nombreuses femmes qui ont évoqué leur relation à leur mère : certaines décrivent une relation compliquée et douloureuse ; d'autres pensent que cette relation a été satisfaisante. Celles qui ont le plus la possibilité d'exprimer leurs compétences, leur créativité, la capacité de profiter de la vie, sont celles qui ont pu se séparer du lien à leur mère.

J'ai voulu faire réfléchir les femmes à leurs difficultés à trouver l'épanouissement. Les blocages sont parfois à l'intérieur de nous-mêmes, il convient de s'interroger sur leurs origines.

Les liens mère-fille sont de forte intensité, j'ai essayé d'expliquer en quoi il peut être difficile de s'en détacher. La séparation est un processus structurant qui n'est pas la fin de l'amour, mais qui peut au contraire, créer un amour adulte entre une fille et sa mère. Pour savoir ce que l'on aime, ce que l'on désire, il est important de pouvoir faire la distinction entre nous et notre mère, afin de ne pas rester dans une confusion qui maintient le lien. Affronter la réalité de la relation est parfois difficile, mais c'est une démarche libératrice.

Être fille n'est pas toujours facile, grandir est une aventure mouvementée. Accéder à sa liberté demande une acceptation de soi, de ses désirs, de ses capacités et un renoncement à la dépendance infantile.

Être mère n'est pas chose aisée non plus. Il faut s'adapter en permanence à l'évolution de l'enfant et savoir répondre au mieux à ce qu'il attend et ce qui est bon pour lui.

La mère idéale n'existe pas. Mais ce qui semble essentiel, c'est qu'elle soit en harmonie avec elle-même, qu'elle sache ce qu'elle veut, qu'elle assume ses choix, en tant que femme, en tant que mère. Une fille a besoin d'être accompagnée dans l'aventure de son développement, d'être encouragée, valorisée, mais elle a besoin aussi d'un exemple de femme, de mère qui soit en accord avec les messages d'éducation qu'elle donne. Si les messages sont clairs, si elle se sent libre de choisir, c'est un bon début pour commencer sa vie d'adulte.

La libération de la femme signifiait l'acquisition des mêmes droits que les hommes, et un rapport d'égalité entre les deux sexes. Par comparaison, la libération de la fille implique l'acquisition d'un rapport d'égalité entre la mère et la fille devenue adulte, où chacune se respecte, et où aucune ne prend l'ascendant sur l'autre. La première des libertés que la femme doit acquérir est son indépendance vis-à-vis de sa mère. Si la domination de la mère perdure, c'est l'individualité, la liberté de la fille d'être elle-même qui est compromise. Si cette liberté-là n'est pas acquise, ce sont toutes les autres qui seront en peine. La libération de la femme en passe d'abord par la libération de la fille.

La liberté impose la responsabilité d'accepter les succès comme les défaites. Cela peut paraître angoissant et certaines femmes préfèrent rester dépendantes, avec le risque d'en vouloir à l'autre de leurs insatisfactions. Nous devons être conscientes de la liberté dont nous jouissons, que l'on doit aux femmes qui nous ont précédées. Cette liberté chèrement acquise est toute récente, il convient de nous en servir pour nous épanouir, de la revendiquer pour la conserver et la parfaire. La liberté nous offre la possibilité de pouvoir choisir la façon dont nous voulons mener notre vie et trouver les chemins de notre épanouissement. À nous de savoir en profiter en réglant nos propres conflits.

La liberté des femmes n'existe malheureusement pas dans tous les pays du monde, loin s'en faut. Et ce sont les mères qui transmettent le mieux l'héritage de la soumission à leur fille, là où les femmes ont le moins de droits.

Les femmes doivent désormais parfaire leur autonomie. Tout est à inventer ; l'oppression des femmes a dominé depuis si longtemps.

Elles doivent imaginer une nouvelle façon d'organiser leur vie, de concevoir leur couple, l'éducation de leurs enfants. Elles ont maintenant la liberté de le faire.

Le poids du passé, l'image et l'éducation maternelle ne doivent plus les empêcher d'avancer vers l'autonomisation. C'est important là où nous vivons, pour qu'un retour en arrière n'émerge pas. C'est important pour le reste du monde, pour que les femmes montrent l'exemple, en prouvant qu'elles savent mettre à profit leurs nouvelles libertés, au bénéfice de tous.

## *Épilogue*

On ne comprend véritablement dans le discours de l'autre que ce que l'on sait déjà. C'est pourquoi il est difficile, hors de la relation thérapeutique, de faire admettre des idées que l'on n'a jamais conceptualisées auparavant. Toutefois l'enjeu méritait d'être tenté. Certaines personnes ne passeront jamais par la psychothérapie, certaines n'en ont pas l'idée, d'autres ont des réticences face à cet inconnu, d'autres encore n'en imaginent pas l'intérêt. La psychothérapie n'est bien sûr pas le seul moyen pour trouver son chemin vers plus de liberté. Les réflexions personnelles, les lectures en sont d'autres. Tout ce qui peut contribuer à apporter plus de sérénité personnelle mérite qu'on s'y attarde.

J'ai essayé de transmettre ce que je sais de l'importance des liens mère-fille et de leurs conséquences sur notre vie d'adulte. Si j'ai pu susciter des interrogations, si j'ai pu ouvrir des voies de réflexion nouvelles, si j'ai pu contribuer à faire avancer, même modestement, vers plus de compréhension, de liberté et d'épanouissement, alors mon travail n'aura pas été vain.

# Glossaire

**Ambivalence.** Présence simultanée d'attitudes et de sentiments opposés dans la relation à l'autre.

**« Bon » objet, « mauvais » objet.** L'objet est la personne qui s'occupe de l'enfant, qui peut être bonne ou mauvaise, en fonction de son caractère frustrant ou gratifiant, mais qui peut aussi devenir bonne ou mauvaise en fonction des investissements de l'enfant.

**Clivage de l'objet.** C'est un processus normal de défense contre l'angoisse amenée par la présence du mauvais objet qui intervient au début du développement de l'enfant.

Le clivage est un processus sain qui permet de garder l'objet comme « bon », et protège ainsi le moi en formation. Le clivage s'estompe par la suite, dans les conditions saines, et l'enfant peut intégrer l'idée que le « bon » et le « mauvais » peuvent se retrouver chez une seule et même personne.

**Complexe d'Œdipe.** L'enfant ressent une attirance, des sentiments tendres pour le parent de sexe opposé et perçoit comme un rival le parent de même sexe. Ainsi, la fille se tourne vers son père après le stade fusionnel avec sa mère. Elle apprécie cette relation différente, « amoureuse », et ressent alors des sentiments hostiles envers sa mère qui entrave ce rapprochement.

Selon Freud, le complexe d'Œdipe est vécu dans sa période d'acmé entre 3 et 5 ans ; son déclin marque l'entrée dans la période de latence.

Le complexe d'Œdipe et sa résolution jouent un rôle fondamental dans la structuration de la personnalité.

**Complexe de castration.** Complexe centré sur l'angoisse de castration, consécutive à l'observation de la différence des sexes. Le garçon craint qu'on lui enlève son pénis, par l'observation de son absence chez la fille, et redoute la castration en liaison à sa relation œdipienne à sa mère. Pour la fille, l'absence de pénis serait ressentie comme un préjudice qu'elle chercherait à nier, à réparer ou à compenser.

Ainsi, chez le garçon, l'angoisse de castration l'amènerait à renoncer à la mère comme partenaire sexuel et, par conséquent, à la résolution du complexe d'Œdipe.

Chez la fille, le complexe de castration l'amènerait à se rapprocher de son père (qui possède le pénis tant convoité), et à entamer le complexe d'Œdipe : elle change d'objet d'amour, reporte ses sentiments tendres vers son père et entre en rivalité avec sa mère.

**Faux-self.** Signifie l'édification d'un « soi » pour satisfaire les demandes et les désirs parentaux. L'enfant se préoccupe de répondre aux attentes parentales et crée une personnalité destinée à correspondre à leurs désirs. Ses propres désirs spontanés sont refoulés.

**Idéal du moi.** Représente un modèle auquel le sujet cherche à se conformer, seul modèle valable à ses yeux, en fonction de son éducation et des exigences parentales. La personne ne se sent valorisée qu'en conformité avec cet idéal fantasmé qui seul lui paraît digne de pouvoir être aimé.

**Idéalisation.** Processus psychique qui permet au sujet de porter les caractéristiques, les qualités de l'objet à la perfection.

**Identification.** Processus psychique par lequel un sujet assimile un aspect, une propriété, un attribut de l'autre et se transforme, totalement ou partiellement, sur le modèle de celui-ci. La personnalité se constitue et se différencie par une série d'identifications.

**Introjection.** Processus par lequel le sujet fait passer, sur un mode fantasmatique, du « dehors » au « dedans » des caractéristiques, qualités ou défauts, qui appartiennent aux objets parentaux.

**Narcissisme.** Le narcissisme est sain et constitue la base indispensable pour une structuration saine de la personnalité. L'enfant doit avoir acquis un amour de soi suffisant, une sécurité affective suffisante, pour avoir une conscience de lui-même stable et valorisée, et pour pouvoir aborder sereinement le monde extérieur.

**Névrose.** Affection psychologique où les symptômes sont l'expression symbolique d'un conflit psychique trouvant ses racines dans l'histoire infantile du sujet et constituant un compromis entre les désirs et les mécanismes de défense. Pour simplifier, on peut dire que le névrosé souffre de conflits intérieurs inconscients, qui l'amènent à présenter des symptômes ou à avoir des comportements qui le gênent.

**Objet.** Doit être compris dans le sens philosophique : « objet » de mon amour, « objet » de mon désir, c'est-à-dire ce vers quoi tend une pulsion. L'« objet » doit s'entendre en regard du « sujet ». Le sujet, c'est soi-même, l'objet, c'est l'autre.

**Phobie.** Attaque de panique déclenchée par un objet, un animal, un aménagement particulier de l'espace qui représentent des sources d'angoisse.

**Projection.** Mécanisme par lequel le sujet expulse de soi et localise dans l'autre des qualités, des sentiments, des désirs, qu'il méconnaît ou refuse en lui. Ainsi, la projection est le processus inverse de l'introjection. Melanie Klein évoque l'importance de ces deux processus, introjection et projection des « bons » et des « mauvais » objets, dans la structuration précoce de l'enfant.

**Self.** Synonyme de « soi ».

**Surmoi.** On peut l'assimiler à la fonction d'un juge intérieur ou d'un censeur à l'égard du moi. Le surmoi se constitue par l'intériorisation des exigences et des interdits parentaux.

# Notes

## Introduction

1. Freud S., « La disparition du complexe d'Œdipe » (1923), *in La Vie sexuelle,* Paris, PUF, 1923, p. 122.
2. Tous les cas cliniques relatés, issus de ma pratique de psychothérapeute, ont été modifiés, afin de préserver leur confidentialité.

### PREMIÈRE PARTIE
### Entre mère et fille, toute une histoire

#### CHAPITRE 1
#### Une histoire fusionnelle

1. Badinter E., *L'Amour en plus,* Paris, Flammarion, 1980, p. 10-11.
2. Chasseguet-Smirgel J., *La Sexualité féminine,* Paris, Payot, 1982.
3. Freud S., « Sur la sexualité féminine » (1931), *in La Vie sexuelle, op. cit.,* p. 144.
4. *Ibid.,* p. 143.
5. *Ibid.,* p. 147.
6. Olivier C., *Filles d'Ève,* Paris, Denoël, 1990, p. 21.

#### CHAPITRE 2
#### L'enfance de la fille

1. Winnicott D., *Processus de maturation chez l'enfant,* Paris, Payot, 1965.
2. Erikson E., *Enfant et société,* Paris, Delachaux-Niestlé, 1950.
3. Gianini-Belotti E., *Du côté des petites filles,* Paris, Des femmes, 1973.

4. *Ibid.*, p. 38.

5. Olivier C., *Filles d'Ève, op. cit.*, p. 30-31.

6. Malher M., *La Naissance psychologique de l'être humain,* Paris, Payot, 1975, p. 16.

7. Freud S., « Pour introduire le narcissisme » (1914), *in La Vie sexuelle, op. cit.*

Freud distinguait deux narcissismes : primaire et secondaire. Le narcissisme primaire correspond à une phase où le moi n'est pas encore constitué. Le narcissisme primaire représente un état de toute-puissance où il n'y a pas de distinction entre l'autre et soi. Les objets investis font partie du corps lui-même. L'enfant, à ce stade, ne peut distinguer ce qui fait partie de lui de ce qui appartient à son environnement.

Le narcissisme secondaire survient par la suite. L'enfant confronté aux frustrations, à son sentiment de non-toute-puissance, abandonne son narcissisme primaire et construit un développement du moi, où il y a séparation du moi et de l'autre, où il y a possibilité d'investir l'objet comme autre, où il y a un investissement de la libido sur le moi de façon adaptée. Le narcissisme secondaire est sain. L'enfant apprend à « s'aimer » de façon saine, en acceptant de ne pas pouvoir tout, en ayant une conscience de lui-même suffisamment stable et valorisée.

8. Kohut H., *Le Soi,* Paris, PUF, 1974.

9. Freud S., « Pour introduire le narcissisme » (1914), *in La Vie sexuelle, op. cit.*, p. 98.

10. Dowling C., *Le Complexe de Cendrillon,* Paris, Grasset, 1982.

11. *Ibid.*, p. 132.

12. *Ibid.*, p. 126.

13. Olivier C., *Filles d'Ève, op. cit.*, p. 67.

14. Friday N., *Ma mère, mon miroir,* Paris, Robert Laffont, coll. « Réponses », 1979, p. 79.

15. Le Guen A., *De mères en filles,* Paris, PUF, 2001, p. 105.

16. *Ibid.*, p. 17.

17. Bettelheim B., *Psychanalyse des contes de fées,* Paris, Robert Laffont, coll. « Réponses », 1976.

18. *Ibid.*, p. 259.

19. *Ibid.*, p. 268.

20. Dodin V., Testart M.-L., *Comprendre l'anorexie,* Paris, Seuil, 2004, p. 60.

21. Cyrulnik B., *Parler d'amour au bord du gouffre*, Paris, Odile Jacob, 2004.

22. Lesourd S., « La passion de l'enfance comme entrave posée à la naissance du sujet », *Le Journal des psychologues*, n° 213, janvier 2004, p. 22-25.

23. Cité par Friday N., *Ma mère, mon miroir, op. cit.*, p. 220.

24. Bettelheim B., *Psychanalyse des contes de fées, op. cit.*, p. 321.

25. Il existe plusieurs versions de *Cendrillon*, notamment celle des frères Grimm et celle de Perrault. C'est cette dernière qui a inspiré le dessin animé de Walt Disney. Il y a de nombreuses différences dans les diverses versions. Par exemple, dans le conte des frères Grimm (antérieur à celui de Perrault), la pantoufle est en vair, fourrure bigarrée blanche et grise. Perrault parle, lui, de pantoufles de « verre », on ne sait pourquoi il a changé la version originale.
26. Bettelheim B., *Psychanalyse des contes de fées, op. cit.*, p. 338.
27. Olivier C., *Filles d'Ève, op . cit.*
28. Citée par Friday N., *Ma mère, mon miroir, op . cit.*, p. 189.

## CHAPITRE 3
## L'empreinte maternelle

1. Le Guen A., *De mères en filles, op. cit.*, p. 52.
2. Beauvoir S. de, *Le Deuxième Sexe*, tome 2, Paris, Gallimard, 1949, p. 591.
3. Cité par Friday N., *Ma mère, mon miroir, op. cit.*, p. 245.
4. Freud S., « Sur la sexualité féminine » (1931), in *La Vie sexuelle, op. cit.*, p. 144.
5. Cyrulnik B., *Un merveilleux malheur*, Paris, Odile Jacob, 1999, p. 100.
6. Cyrulnik B., *Parler d'amour au bord du gouffre, op. cit.*, p. 135-136
7. Cité par Friday N., *Ma mère, mon miroir, op. cit.*, p. 295-296.
8. Benjamin J., *Les Liens de l'amour*, Paris, Métailié, 1988.
9. *Ibid.*, p. 109.
10. *Ibid.*, p. 112.
11. Cité par Friday N., *Ma mère, mon miroir op. cit.*, p. 314.
12. Dowling C., *Le Complexe de Cendrillon, op. cit.*, p. 204.
13. Horney K., *La Psychologie de la femme*, Paris, Payot, 1969, p. 239.
14. Beauvoir S. de, *Le Deuxième Sexe, op. cit.*, p. 590.
15. *Ibid.*, p. 590.
16. Bernard J., *The Future of Marriage*, New York, World, 1972.
17. Cyrulnik B., *Parler d'amour au bord du gouffre, op. cit.*, p. 87.
18. Ehrenberg A., *La Fatigue d'être soi*, Paris, Odile Jacob, 1998, p. 14.
19. *Ibid.*, p. 15.
20. Cyrulnik B., *Parler d'amour au bord du gouffre, op. cit.*, p. 64.
21. Klein M., « Envie et gratitude » (1957), in *Envie et gratitude et autres essais*, Paris, Gallimard, 1968, p. 25.
22. Beauvoir S. de, *Le Deuxième Sexe, op. cit.*, p. 640.
23. Nasio J. D., *Enseignement des 7 concepts cruciaux de la psychanalyse*, Paris, Payot, 1988.
24. En France, Luce Irigaray fut l'une des premières psychanalystes à contester le modèle freudien.

25. Bettelheim B., *Psychanalyse des contes de fées, op. cit.*, p. 329.
26. Beauvoir S. de, *Le Deuxième Sexe, op. cit.*, p. 365.
27. Olivier C., *Filles d'Ève, op. cit.*, p. 153.
28. Cité par Friday N., *Ma mère, mon miroir, op. cit.*, p. 404.
29. Badinter E., *L'Amour en plus, op. cit.*, 1999.

DEUXIÈME PARTIE
# Quand l'histoire se complique

CHAPITRE 4
## Les mères « pathogènes »

1. Beauvoir S. de, *Le Deuxième Sexe, op. cit.*, p. 370-371.
2. Eliacheff C., Heinich N., *Mères-Filles, une relation à trois,* Paris, Albin Michel, 2002, p. 35.
3. Miller A., *Le Drame de l'enfant doué,* Paris, PUF, 1983, p. 19.
4. Eliacheff C., Heinich N., *Mères-Filles, une relation à trois, op. cit.*, p. 37.
5. Haineault D. L., *Fusion mère fille, s'en sortir ou y laisser sa peau,* Paris, PUF, 2006, p. 57.
6. Miller A., *Le Drame de l'enfant doué, op. cit.*, p. 19.
7. *Emprise* : terme « qui parle à l'imaginaire par la force de son préfixe qui évoque *l'emprisonnement*, la prise venant confirmer l'impact du corporel. Le sens originel est juridique, l'emprise désignant d'abord *la mainmise sur une propriété privée* ; le terme enfin est lié à l'idée d'*empreinte* ou de trace visible. » Couchard F., *Emprise et violence maternelle,* Paris, Dunod, 1991, p. 3.
8. Lessana M.-M., *Entre mère et fille, un ravage,* Paris, Pluriel, 2000, p. 11.
9. Le Guen A., *De mères en filles, op. cit.*, p. 109.
10. Miller A., *Le Drame de l'enfant doué, op. cit.*, p. 92.
11. Eliacheff C., Heinich N., *Mères-Filles, une relation à trois, op. cit.*, p. 203.
12. Naouri A., *Les Filles et leurs mères,* Paris, Odile Jacob, 1998, p. 255-256.
13. *Dictionnaire Larousse*, définition de « Jalousie ».
14. Beauvoir S. de, *Le Deuxième Sexe, op. cit.*, p. 376.
15. *Ibid.*, p. 378.
16. Duras, *Le Ravissement de Lol V. Stein,* Paris, Gallimard, 1964.
17. Lessana M.-M., *Entre mère et fille, un ravage, op. cit.*, p.292.

## CHAPITRE 5
## Les filles qui souffrent

1. Miller A., *Le Drame de l'enfant doué, op. cit.*, p. 49.
2. Winnicott D., *Processus de maturation chez l'enfant, op. cit.*
3. Miller A., *Le Drame de l'enfant doué, op. cit.*, p.102.
4. *Ibid.*, p. 45.
5. *Ibid.*, p. 60.
6. « La capacité de l'individu d'être seul, présumant que cette attitude constitue l'un des signes les plus importants de la maturité du développement affectif », écrit D. Winnicott dans *De la pédiatrie à la psychanalyse*, Paris, Payot, 1958, p. 325.
7. Diamantis I., *Les Phobies ou l'impossible séparation*, Paris, Flammarion, 2003, p. 25.
8. *Ibid.*, p. 248-249.
9. Klein M., « Envie et gratitude » (1957), *in Envie et gratitude et autres essais, op. cit.*.
10. Dans « Les racines infantiles du monde adulte », Melanie Klein écrit : « Dans quelle mesure le bon objet peut-il s'intégrer suffisamment pour devenir une partie intégrante du soi, cela dépend [...] du ressentiment qui doit rester modéré. L'attitude aimante de la mère contribue pour une large part à la réussite de ce processus d'intégration. Si la mère est intériorisée dans le monde intérieur de l'enfant en tant qu'objet bienveillant sur lequel on peut compter, le moi y trouve une force supplémentaire : car le moi s'organise surtout autour de ce bon objet et l'identification avec les bons aspects de la mère permet d'établir de nouvelles identifications utiles au sujet » (1959), *in Envie et gratitude et autres essais, op. cit.*, p. 102.
11. Klein M., « Envie et gratitude » (1957), *in Envie et gratitude et autres essais, op. cit.*, p. 27.
12. Freud S., « Sur la sexualité féminine » (1931), *in La Vie sexuelle, op. cit.*, p. 141.
13. *Ibid.*, p. 141.
14. Klein M., « Envie et gratitude » (1957), *in Envie et gratitude et autres essais, op. cit.*, p. 93.
15. Dodin V., Testart M.-L., *Comprendre l'anorexie, op. cit.*, p. 65.
16. *Ibid.*, p. 119.
17. Haineault D.-L., *Fusion mère-fille, s'en sortir ou y laisser sa peau, op. cit.*, p. 82.
18. *Ibid.*, p. 90.
19. Horney K., *La Psychologie de la femme, op. cit.*, p. 330.
20. Beauvoir S. de, *Le Deuxième Sexe*, p. 380.
21. *Ibid*, p. 382.
22. *Ibid.*, p. 384.

## TROISIÈME PARTIE
## La libération de la fille

1. Miller A., *Le Drame de l'enfant doué, op. cit.*, p. 48-49.
2. *Ibid.*, p. 92.
3. Klein M., « Envie et gratitude » (1957), *in Envie et gratitude et autres essais, op. cit.*, p. 35.
4. *Ibid.*
5. Cité par Friday N., *Ma mère, mon miroir op. cit.*, p. 24.
6. Dolto F., *Les Étapes majeures de l'enfance,* Paris, Gallimard, 1994, p. 21.

## Conclusion

1. Miller A., *Le Drame de l'enfant doué, op. cit.*, p. 36.

# Bibliographie

BADINTER Elisabeth, *L'Amour en plus*, Paris, Flammarion, 1980.
BARDWICK Judith, *The Psychology of Women : A Study of Biocultural Conflicts*, New York, Harper & Row, 1971.
BEAUVOIR Simone DE, *Le Deuxième Sexe*, Paris, Gallimard, 1949.
BENJAMIN Jessica, *Les Liens de l'amour*, Paris, Métailié, 1988.
BERNARD Jessie, *The Future of Marriage*, New York, World, 1972.
BERNARD Jessie, *The Future of Motherhood*, New York, Dial Press, 1975.
BERNARD Jessie, *Women, Wives, Mothers : Values and Options*, Chicago, Aldine Press, 1975.
BETTELHEIM Bruno, *Psychanalyse des contes de fées*, Paris, Robert Laffont, coll. « Réponses », 1976.
BETTELHEIM Bruno, *Pour être des parents acceptables*, Paris, Robert Laffont, coll. « Réponses », 1988.
BETTELHEIM Bruno, *Dialogues avec les mères*, Paris, Hachette, coll « Pluriel », 1962.
BRACONNIER Alain, MARCELLI Daniel, *L'Adolescence aux mille visages*, Paris, Odile Jacob, 1998.
CHASSEGUET-SMIRGEL Janine, *La Sexualité féminine : recherches psychanalytiques nouvelles*, Paris, Payot, 1982.
CHASSEGUET-SMIRGEL Janine, *Les Deux Arbres du jardin. Essais psychanalytiques sur le rôle du père et de la mère dans la psyché*, Paris, Des femmes, 1988.
CHEMAMA Roland, VANDERMERSCH Bernard, *Dictionnaire de la psychanalyse*, Larousse, 1998.
COUCHARD Françoise, *Emprise et violence maternelles*, Paris, Dunod, 1991.
COUCHARD Françoise, SIPOS Joël, WOLF Mareike, *Phobie et paranoïa. Étude de la projection*, Paris, Dunod, 2001.
CYRULNIK Boris, *Un merveilleux malheur*, Paris, Odile Jacob, 1999.
CYRULNIK Boris, *Les Vilains Petits Canards*, Paris, Odile Jacob, 2001.
CYRULNIK Boris, *Parler d'amour au bord du gouffre*, Paris, Odile Jacob, 2004.
DEUTSCH Helen, *La Psychologie des femmes*, Paris, PUF, 1945.
DIAMANTIS Irène, *Les Phobies ou l'impossible séparation*, Paris, Flammarion, 2003.
DODIN Vincent, TESTART Marie-Lyse, *Comprendre l'anorexie*, Paris, Seuil, 2004.
DOLTO Françoise, *Les Étapes majeures de l'enfance*, Paris, Gallimard, 1994.
DOLTO Françoise, *Sexualité féminine*, Paris, Gallimard, 1996.
DOWLING Colette, *Le Complexe de Cendrillon*, Paris, Grasset, 1982.

DURAS Marguerite, *Le Ravissement de Lol V. Stein*, Paris, Gallimard, 1964.
EHRENBERG Alain, *La Fatigue d'être soi*, Paris, Odile Jacob, 1998.
ELIACHEFF Caroline, HEINICH Nathalie, *Mères-filles. Une relation à trois*, Paris, Albin Michel, 2002.
ERICKSON Erik, *Enfant et société*, Paris, Delachaux-Niestlé, 1950.
FREUD Anna, *Le Moi et les mécanismes de défense*, Paris, PUF, 1949.
FREUD Sigmund, « Sur la sexualité féminine » (1931), *in La Vie sexuelle*, Paris, PUF, 1969.
FREUD Sigmund, « Quelques conséquences psychiques de la différence anatomique entre les sexes » (1925), *in La Vie sexuelle*, Paris, PUF, 1969.
FREUD Sigmund, « La disparition du complexe d'Œdipe » (1923), *in La Vie sexuelle*, Paris, PUF, 1969.
FREUD Sigmund, « Pour introduire le narcissisme » (1914), *in La Vie sexuelle*, Paris, PUF, 1969.
FREUD Sigmund, « Sur quelques mécanismes névrotiques dans la jalousie, la paranoïa et l'homosexualité » (1922), *in Névrose, psychose et perversion*, Paris, PUF, 1973.
FREUD Sigmund, *Trois Essais sur la théorie sexuelle*, Paris, Gallimard, 1905.
FRIDAY Nancy, *Ma mère, mon miroir*, Paris, Robert Laffont, coll. « Réponses », 1979.
FRIDAY Nancy, *Jalousie*, Paris, Robert Laffont, coll. « Réponses », 1986.
GIANINI-BELOTTI Elena, *Du côté des petites filles*, Paris, Des femmes, 1973.
HAINEAULT Doris-Louise, *Fusion mère-fille, s'en sortir ou y laisser sa peau*, Paris, PUF, 2006.
HEINICH Nathalie, *Les Ambivalences de l'émancipation féminine*, Paris, Albin Michel, 2003.
HORNEY Karen, *La Psychologie de la femme*, Paris, Payot, 1969.
HORNEY Karen, *La Personnalité névrotique de notre temps*, Paris, L'Arche, 1953.
HORNEY Karen, *Nos conflits intérieurs*, Paris, L'Arche, 1945.
IRIGARAY Luce, *Spéculum, de l'autre femme*, Paris, Minuit, 1979.
IRIGARAY Luce, *Ce sexe qui n'en est pas un*, Paris, Minuit, 1977.
KLEIN Melanie, « Envie et gratitude » (1957), *in Envie et gratitude et autres essais*, Paris, Gallimard, 1968.
KLEIN Melanie, « Les racines infantiles du monde adulte » (1959), *in Envie et gratitude et autres essais*, Paris, Gallimard, 1968.
KLEIN Melanie, « Se sentir seul » (1963), *in Envie et gratitude et autres essais*, Paris, Gallimard, 1968.
KLEIN Melanie, « À propos de l'identification » (1955), *in Envie et gratitude et autres essais*, Paris, Gallimard, 1968.
KOHUT Heinz, *Le Soi*, Paris, PUF, coll. « Le Fil rouge », 1974.
KOHUT Heinz, *Analyse et guérison*, Paris, PUF, coll. « Le Fil rouge », 1991.
LAPLANCHE J., PONTALIS J.-B., *Vocabulaire de la psychanalyse*, Paris, PUF, 1967.
LE GUEN Annick, *De mères en filles*, Paris, PUF, 2001.
LESSANA Marie-Magdeleine, *Entre mère et fille : un ravage*, Paris, Hachette, coll. « Pluriel », 2000.
MALHER Margaret, PINE F., BERGMAN A., *La Naissance psychologique de l'être humain*, Paris, Payot, 1975.
MALHER Margaret, *Psychose infantile*, Paris, Payot, 1968.

MARCELLI Daniel, *L'Enfant, chef de famille. L'autorité de l'infantile*, Paris, Albin Michel, 2003.

MILLER Alice, *Le Drame de l'enfant doué*, Paris, PUF, coll. « Le Fil rouge », 1983.

MILLER Alice, *La Connaissance interdite. Affronter les blessures de l'enfance dans la thérapie*, Paris, Aubier, 1990.

MILLER Alice, *C'est pour ton bien. Racines de la violence dans l'éducation de l'enfant*, Paris, Aubier, 1984.

NASIO Juan David, *Enseignement de 7 concepts cruciaux de la psychanalyse*, Paris, Payot, 1988.

NAOURI Aldo, *Les Filles et leurs mères*, Paris, Odile Jacob, 1998.

OLIVIER Christiane, *Les Enfants de Jocaste. L'empreinte de la mère*, Paris, Denoël, 1980.

OLIVIER Christiane, *Filles d'Ève. Psychologie et sexualité féminine*, Paris, Denoël, 1990.

OLIVIER Christiane, *Peut-on être une bonne mère ?*, Paris, Fayard, 2000.

OLIVIER Christiane, *L'Ogre intérieur*, Paris, Fayard, 1998.

PARIS Ghislaine, *Un désir si fragile*, Paris, Leduc. S., 2004.

POMEROY Wardell, *Girls and Sex*, New York, Delacorte Press, 1969.

ROBERTIELLO Richard, *Hold Them Very Close, Then Let Them Go*, New York, Dial, 1975.

ROBERTIELLO Richard, *Big You, Little You*, New York, Dial, 1977.

SCHAEFER Leah, *Women and Sex*, New York, Pantheon, 1973.

TILLON Caroline, *Et si le conflit devenait un plaisir ?*, Nantes, Siloë, 2000.

THALMANN Yves-Alexandre, *Au diable la culpabilité*, Saint-Julien-en-Genevois, Jouvence, 2005.

VINCENT Thierry, *L'Anorexie*, Paris, Odile Jacob, 2000.

WINNICOTT Donald W., *L'Enfant et le monde extérieur*, Paris, Payot, 1957.

WINNICOTT Donald W., *De la pédiatrie à la psychanalyse*, Paris, Payot, 1958.

WINNICOTT Donald W., *Processus de maturation chez l'enfant*, Paris, Payot, 1965.

WINNICOTT Donald W., *Le Bébé et sa mère*, Paris, Payot, 1987.

# *Remerciements*

À Philippe, pour ses encouragements, ses conseils, sa patience... pour ce qu'il est, tout simplement,

À Laurence, pour son jugement d'expert, mais tellement affectueux et réconfortant, pour son aide précieuse,

À Dominique, ma sœur bienveillante,

À Odile Jacob, qui m'a permis de concrétiser mon projet et de vivre cette belle aventure,

À Caroline Rolland, qui a défendu mon projet avec enthousiasme et détermination, qui a toujours trouvé les mots qui réchauffent et donnent envie d'avancer,

Aux patientes, pour la confiance qu'elles m'ont accordée qui m'a permis de progresser dans mes réflexions.

Et à tous les autres...

# *Table*

*Introduction* ...................................................................... 11
    Un peu d'histoire (11) – Ma propre histoire (12) – À l'écoute des femmes (12) – Le cheminement du livre (13).

PREMIÈRE PARTIE
**Entre mère et fille, toute une histoire**

Chapitre 1
UNE HISTOIRE FUSIONNELLE

*Le mystère de l'amour maternel*............................................ 17

*Un amour complexe*............................................................. 19
    Amour ou bienveillance ? (21).

*Ma fille, mon miroir*............................................................ 22
    La mère s'identifie à sa fille (23) – De génération en génération (25) – Le chemin difficile de la séparation (25).

*Ma mère, mon miroir*........................................................... 26
    La fille s'identifie à sa mère (26) – La rivalité, facteur de séparation ? (27) – Le chemin nécessaire de la séparation (28).

*Le père est fondamental* ..................................................... 29

## Chapitre 2
### L'ENFANCE DE LA FILLE

*Le temps de l'intimité mère-fille*............................................................ 33

    La symbiose (33) – L'apprentissage de la séparation (36) – Le développement du narcissisme (37) – *Le narcissisme ou l'amour à l'intérieur de soi* (37) – *Le besoin d'être valorisée* (38) – *L'amour du père* (41) – *La colère intérieure* (42) – *La mère idéalisée* (43) – *Le moi idéalisé* (44) – L'apprentissage de l'indépendance (46) – Les capacités d'adaptation de la fille (48) – La découverte de la sexualité (49).

*L'ouverture au monde* ............................................................................ 51

*L'adolescence* .......................................................................................... 54

    Jeux de rivalité (54) – *La rivalité de la fille* (54) – *La rivalité de la mère* (56) – *Blanche-Neige, la reconnaissance de la jalousie maternelle* (58) – Quand la rivalité perdure (60) – *La compétitivité empêchée* (60) – *La jalousie des femmes entre elles* (61) – Pourquoi s'opposer ? (64) – *L'opposition structurante* (64) – *L'opposition qui déborde* (67) – *L'autorité structurante* (68) – L'image du corps et de la menstruation (69) – Les modèles identificatoires (71) – *Le modèle maternel* (72) – *Les autres modèles* (74) – Cendrillon, la construction de soi (76).

*Les premiers rapports sexuels* ............................................................... 79

    La recherche de l'affection (79) – Les rêves de la jeune fille (80) – Les filles entre elles (81) – La sexualité, facteur de séparation (82).

## Chapitre 3
### L'EMPREINTE MATERNELLE

*La relation amoureuse* ............................................................................ 85

    L'affection pour le garçon (86) – La féminité dans le regard de l'autre (87) – *La féminité et l'image de la mère* (88) – *La féminité dans le regard du père* (88) – *La féminité dans le regard de l'amoureux* (89) – Comme avec sa mère (90) – Comme sa mère (93) – La relation affective qui répare (95).

*L'empreinte sur la sexualité* .................................................. 101
> La transmission transgénérationnelle de la sexualité féminine (102) – La sexualité de la mère (104) – Le désir au féminin (106) – *La femme désirable* (106) – *La femme désirante* (108) – S'autoriser le plaisir (109) – Face au désir de l'autre (110).

*Indépendance et féminité* ..................................................... 111
> Ce qui favorise l'indépendance (111) – Féminité et réussite (112) – De la dépendance à la construction d'une relation équilibrée (117) – La responsabilité, difficile à assumer (119) – Éloge de l'insécurité (120).

*Devenir mère* ........................................................................ 121
> Le désir d'enfant (121) – Le comportement de la jeune mère avec son enfant (124) – Fille et mère se rapprochent (127) – L'amour maternel est gratuit (128) – Oser porter un regard critique (130).

*Être mère aujourd'hui* ......................................................... 131
> La maternité suffisante ? (131) – La parentalité partagée (132).

DEUXIÈME PARTIE
# Quand l'histoire se complique

Chapitre 4
LES MÈRES « PATHOGÈNES »

*Les mères dépendantes de leur fille* ..................................... 138
> Les mères en attente d'être aimées (138) – *Ce que vit la fille* (139) – L'enfant-roi (143) – Les mères en attente d'être valorisées (145) – *Ce que vit la fille* (147) – La mère possessive ou l'enfant possession (149).

*Les mères déprimées* ............................................................ 152

*Les mères rejetantes* ............................................................ 155
> L'enfant non valorisant (156) – L'enfant « persécuteur » (157) – Les différences dans la fratrie (159).

*Les mères « grandioses »* ..................................................... 162

*Les mères rivales, jalouses* .................................................. 163
> Les mères jalouses (163) – « Le ravissement de Lol V. Stein » (168).

## Chapitre 5
### LES FILLES QUI SOUFFRENT

*Les troubles psychologiques* ................................................ 171
> La mauvaise estime de soi, le faux-self (172) – La culpabilité (174) – Dépression et grandiosité (176) – Le sentiment intérieur de solitude (177) – Les phobies (178) – La colère, la porte fermée (180) – *La colère pour exister* (183) – Le sentiment de persécution (184) – *La répétition et la projection* (184) – *La culpabilité* (185) – Les troubles des conduites alimentaires (189) – Quand le corps parle (191).

*Les relations insatisfaisantes aux hommes* ........................... 192
> Quand l'amour manque (193) – *L'attirance vers ceux qui font souffrir* (193) – La tolérance aux frustrations (196) – Quand l'amour est là (198) – *L'incapacité à y croire* (198) – *Quand amour et fusion sont confondus* (200) – *L'amour de l'autre dévalorisé* (201) – *L'incapacité à rester soi-même* (202).

*Les relations aux enfants, aux filles* ..................................... 204
> La transmission de la dépendance (205) – La transmission de la faille narcissique (206) – La transmission de la rivalité (207) – La transmission de la non-séparation (208).

### TROISIÈME PARTIE
## La libération de la fille

*Les éléments fondamentaux
de la construction de la personnalité* .................................... 215

*Comprendre la relation,
sortir de l'idéalisation* ........................................................... 218

*Distinguer les bons*
*des mauvais côtés maternels* .................................................. 221
    L'autre n'est ni « tout blanc » ni « tout noir » (222) – Nous ne sommes ni « géniaux », ni « ignobles » (223).

*Accepter ses sentiments,*
*comprendre l'origine de ses colères* ...................................... 224

*Accepter la réalité de la relation à sa mère* ......................... 225

*Connaître l'histoire maternelle* ............................................. 226

*Se libérer* .................................................................................. 228
    Se permettre d'avoir l'esprit critique (228) – Se permettre de penser à soi, d'être soi-même (229) – Se méfier de la dépendance (231) – Se séparer, défaire doucement le lien (232) – Oser prendre des risques, assumer ses responsabilités (236) – L'aide de la psychothérapie (237).

*Conclusion* ................................................................................ 239

*Épilogue* .................................................................................... 243

*Glossaire* .................................................................................. 245

*Notes* ......................................................................................... 249

*Bibliographie* ........................................................................... 255

*Remerciements* ........................................................................ 259

Cet ouvrage a été transcodé et mis en pages
chez Nord Compo à Villeneuve-d'Ascq


Impression réalisée par
CPI Bussière
en avril 2022

N° d'impression : 2064345
N° d'édition : 7381-2515-10
Dépôt légal : octobre 2010

Inscrivez-vous à notre newsletter !

Vous serez ainsi régulièrement informé(e) de nos nouvelles parutions et de nos actualités :

https://www.odilejacob.fr/newsletter

*Imprimé en France*